FORMENZEICHNEN

Menschenkunde und Erziehung

47

Schriften der Pädagogischen Forschungsstelle
beim Bund der Freien Waldorfschulen

Ernst Michael Kranich / Margrit Jünemann
Hildegard Berthold-Andrae
Ernst Bühler / Ernst Schuberth

Formenzeichnen

Die Entwicklung des Formensinns
in der Erziehung

Verlag Freies Geistesleben

CIP-Kurztitelaufnahme der Deutschen Bibliothek

Formenzeichnen : d. Entwicklung d. Formensinns in
d. Erziehung / Margrit Jünemann ... –
Stuttgart : Verlag Freies Geistesleben, 1985 –
(Menschenkunde und Erziehung ; 47)

ISBN 3-7725-0247-4

NE: GT; Jünemann, Margrit [Mitverf.]

Einband: Walter Krafft
© 1985 Verlag Freies Geistesleben GmbH, Stuttgart
Satz: Hermann Weyhing GmbH, Stuttgart
Druck: Gutmann + Co, Heilbronn

Inhalt

Einleitung (Ernst Michael Kranich) — 7

Die Kräfte leiblicher Formbildung und ihre Umwandlung in die Fähigkeit,
Formen zu gestalten und zu erleben (Ernst Michael Kranich) — 11

Das Formbewußtsein und sein Hervortreten in der Kindheit 11 / Die frühe Kindheit als Zeit leiblicher Umgestaltung 13 / Die architektonische Formbildung 14 / Die plastische Formbildung 19 / Die frühkindliche Formbildung – ein vom Kopf ausgehendes Geschehen 23 / Der Zahnwechsel als Abschluß der Formbildung 24 / Das Bewußtwerden der formbildenden Kräfte 26 / Das Einmünden der formbildenden Kräfte in künstlerisches Gestalten 28 / Die Bedeutung des Formenzeichnens für die menschliche Entwicklung 30

Die Linie als selbständiges Ausdrucksmittel (Margrit Jünemann) — 32

Rudolf Steiners Lehrplanangaben für das Formenzeichnen mit
Beispielen aus der Unterrichtspraxis (Margrit Jünemann) — 35

Der Umgang mit der Geraden 38 / Die Winkel 42 / Dreieck, Viereck, Sechsstern 42 / Die gebogene Linie 48 / Kreis und Ellipse 54 / Schleife und Lemniskate 58 / Vom Formenzeichnen zum Schreiben 62 / Symmetrieübungen 64 / Form und Farbe 80

Das Formenzeichnen unter dem Aspekt der Temperamente
(Hildegard Berthold-Andrae) — 81

Individueller Ausdruck in der Spur der Bewegung – Beispiele von Schülerzeichnungen 81 / Die Temperamente 91 / Charakterisierung der Temperamente mit den dazugehörenden Formen 92

Dynamisches Zeichnen in der Heilpädagogik (Ernst Bühler) — 106

Heilende Wirkung der Form 106 / Diagnose 106 / Maniakalie 107 / Schwachsinn 108 / Kindliche Hysterie 108 / Epilepsie 109 / Zwanghaftes Vorstellen und Vergeßlichkeit 110 / Die Wellenlinie 111 / Form als Ausgleich zwischen Innen- und Außenwelt 112

Dynamisches Zeichnen in Normalklassen (Ernst Bühler) — 115

Formen mit einfacher gerader, senkrecht und waagrecht verlaufender Linienführung 116 / Formen mit schräger, waagrechter und senkrechter Linienführung 118 / Formen mit gerundeter Linienführung 123 / Formen mit gerader und gerundeter Linienfüh-

rung 127 / Anregungen zur rhythmischen Gliederung der Formen 132 / Verbindungen und Abwandlungen von Formelementen 134 / Gegenüberstellung von gleichverlaufenden Formen mit gerundeter, geradlinig-eckiger und gemischter Linienführung 141 / Gegenüberstellung von nach außen und nach innen gewendeten Formen 143 / Rückblick 144 / Freies Gestalten im Kreis 145 / Freies Gestalten aus dem 3.–7. Schuljahr 149 / Vom dynamischen Zeichnen zu pflanzlichen Formen 154 / Dynamisches Zeichnen als ordnende und disziplinierende Kraft in schwierigen Klassen 157 / Vom Formenzeichnen zur Geometrie 158 / Beispiele aus dem zeichnerischen Gestalten von Naturvölkern 164

Geometrische und menschenkundliche Grundlagen für das
Formenzeichnen (Ernst Schuberth)   167

Menschenkundliche Gesichtspunkte zum Ursprung der Geometrie 168 / Die Grundelemente der Geometrie ebener Kurven 173 / Innen und Außen (Kern und Hülle am Kreis) 184

Anmerkungen   196

Einleitung
Das Formenzeichnen und die Begründung eines neuen Formverstehens

Das Erziehen verlangt vom Lehrer mehr als Kenntnis des Stoffes und derjenigen Wege, durch die er den Kindern den Stoff vermitteln kann. Er muß jene Vorgänge kennen, die sich in den Kindern abspielen, wenn sie einen Inhalt aufnehmen, ihn verstehen und an ihm bestimmte seelische Kräfte ausbilden. Denn in diesen Vorgängen entwickelt sich der Mensch; innere Anlagen und Kräfte verwandeln sich zu einer vollkommneren Stufe ihres Wirkens. Das geschieht allerdings nur, wenn der Stoff das Wesen der Dinge, die tieferen Gesetze der Natur und die geistigen Zusammenhänge der Welt enthält. Ist er nicht vom Licht des Geistes durchstrahlt, breitet sich ein grauer Schleier langweiliger Einförmigkeit über die Inhalte des Lernens aus. Das Geistige in den Dingen wirkt bildend, nicht die Fülle der bloßen Tatsachen.

Deshalb ist es wichtig, daß der heranwachsende Mensch in sich Kräfte ausbildet, durch die er den Erscheinungen der Welt nicht nur äußerlich begegnet. Wenn wir die verschiedenen Dinge und Vorgänge unseres engeren oder weiteren Lebensumkreises wahrnehmen, gewinnen wir an ihnen recht vielfältige Eindrücke. Ein Baum, eine Landschaft, eine Wolkenformation, ein Gebäude oder ein Tier sprechen sich durch Farben, durch Töne, durch die Dichte ihres Stoffes usw. aus, insbesondere aber auch durch ihre Formen. Für unser gewöhnliches Wahrnehmen sind die Formen fast immer etwas Festes. Wir wissen zwar, daß sie aus Bildungsprozessen entstanden sind, sind aber nicht in der Lage, das Werden, sondern nur das Gewordene zu erfassen. So lernt man nur kennen, was als geronnener Endzustand aus dem lebendigen Strom des Werdens immer schon abgesondert, was fertiges Resultat von Gestaltungsvorgängen ist. Mit dieser Auffassung steht der Mensch außerhalb der Wirklichkeit.

So gehört es zu den grundlegenden Aufgaben des Erziehens, in den Kindern ein regsames, innerlich tätiges Formerleben zu pflegen, das durch das Gewordene das Werdende und in den geronnenen Formen den Nachklang des Gestaltenden erfaßt. Damit die Kinder ein solches Formerleben übend entwickeln, hat Rudolf Steiner für die Pädagogik ein neues Unterrichtsgebiet geschaffen, das Formenzeichnen.

Man kann einleitend auf die Bedeutung und den besonderen Charakter dieses Formenzeichnens hinweisen, indem man von dem Unterschied ausgeht, der zwischen dem Begriff der Gestalt und dem der Form besteht. Man spricht z. B. von der Gestalt einer Esche und von der Form der Esche. Die Gestalt tritt uns in der charakteristisch gewachsenen Esche sichtbar entgegen. Sie gehört in das Gebiet der konkreten Erfahrung. Die Form ist ein Allgemeines; sie ist die in allen einzelnen Bäumen gleiche Formgesetzmäßigkeit. Schaut man auf das Charakteristische der Gestalt, so wird man gewahr, wie sich die Formgesetzmäßigkeit in der Materie manifestiert. Form und Gestalt sind keine Gegensätze. Die Formgesetzmäßigkeit prägt sich im Stoff als Gestalt aus. Diesen Zusammenhang hat Aristoteles mit voller begrifflicher Klarheit dargestellt. Nach ihm sind in den Dingen immer Stoff und

Form vereinigt. Die Form ist aber ein geistiges Prinzip. «Form nenne ich den Wesensbegriff eines jeden Dinges und sein ursprüngliches Wesen» (Aristoteles «Metaphysik» VII/7). Man kann auch sagen: das Wesen eines Dinges spricht sich durch seine Form aus. Die Vereinigung der Form mit dem Stoff bildet die Gestalt.

Diese Auffassung durchzieht das abendländische Denken von der Antike bis in das 14. Jahrhundert. Durch die starke Hinwendung zur äußeren Erfahrung erlischt dann das Bewußtsein vom geistigen Chrakter der Form. Bei Fr. Bacon werden die Formen zu jenen «Gesetzen und Bestimmungen», durch die «eine einfache Eigenschaft hervorgebracht und bewirkt wird, z. B. die Wärme, das Licht, das Schwere, wie sie in jeder dafür geeigneten Materie bestehen» («Das neue Organon», II/17) d. h. zu gesetzmäßigen Vorgängen im Gebiet des Stoffes. Bei der Betrachtung der Dinge gewinnt man einen deutlichen Eindruck nur noch von der Gestalt. Die Form wird weitgehend als Abstraktion empfunden. Und damit verschwindet auch ein Verständnis dessen, was Gestalt ist. Das zeigt sich in dem weit verbreiteten Glauben, die Gestaltungsprozesse im Bereich des Lebendigen stofflich erklären zu können.

Ein neues Formverständnis können wir heute nicht durch Rückgriff auf Aristoteles gewinnen. Die Formen sind bei Aristoteles immer schon auf bestimmte Arten oder Gattungen der Dinge spezialisiert. Denn Form ist hier das allgemeine Wesen der Dinge. Es gibt aber ein ursprünglicheres Erfassen der Form. Hierauf sind verschiedene Künstler am Anfang unseres Jahrhunderts gestoßen, als sie die Grundelemente des künstlerischen Schaffens suchten. So schrieb H. van de Velde 1902 in seinen «Kunstgewerblichen Laienpredigten»: «Eine Linie ist eine Kraft, die ähnlich wie alle elementaren Kräfte tätig ist; mehrere in Verbindung gebrachte, sich aber widerstrebende Linien bewirken dasselbe wie mehrere gegeneinander wirkende elementare Kräfte.» Ähnliche Erfahrungen spricht W. Kandinsky zehn Jahre später aus: «Die Linie ist ein Ding, welches ebenso einen praktisch-zweckmäßigen Sinn hat wie ein Stuhl, ein Brunnen, ein Messer, ein Buch und so weiter. Und dieses Ding wird... als ein reines malerisches Mittel gebraucht – also in seinem reinen inneren Klang. Wenn also im Bild eine Linie von dem Ziel, ein Ding zu bezeichnen, befreit wird und selbst als ein Ding fungiert, wird ihr innerer Klang durch keine Nebenrolle abgeschwächt und bekommt ihre volle innere Kraft» (aus «Die Formfrage» in «Der Blaue Reiter»). Die Kraft oder den inneren Klang einer Linie kann erfassen, wer sie als reine Form gestaltet und ihren Verlauf durch ein künstlerisch geschultes Empfinden innerlich mitvollzieht. Wer durch seine künstlerischen Gestaltungs- und Erlebniskräfte mit den elementaren Formen innerlich zusammenwächst, erlebt in ihnen ein gestaltendes, formendes Leben. Die Erneuerung des Formverstehens geht aus von dem bewußten Üben und Pflegen dieser Kräfte künstlerischen Gestaltens. Jedes Kind trägt diese Kräfte in sich. Sie haben ihre Quelle in dem Bereich des menschlichen Wesens, den R. Steiner als den Bildekräfteleib (Ätherleib) erforscht und beschrieben hat.

Die Form wurde in der Antike und im Mittelalter in den allgemeinen Begriffen (Universalia) erfaßt, deren Inhalt man als das Wesen der Dinge verstand. Das neue Verständnis der Form wird auf dem Gebiet des Künstlerischen errungen. Bei Aristoteles war die Form in ihrer inneren Natur fest und unbeweglich. Das, was man heute auf dem künstlerischen Wege als Formen erfaßt, ist voll innerer Dynamik.

Selbst die Form eines Kreises oder Dreiecks wird da zur Manifestation regsam gestaltender Tätigkeit.

Dieser Erneuerung des Formerlebens und Formverstehens aus den Kräften des Künstlerischen dient das Formenzeichnen. Mit dem Formerleben und -verstehen, das zunächst künstlerisch gepflegt wird, kann sich der Mensch dann z. B. den Gestaltungen der Natur zuwenden. Er dringt mit ihm nun auf den Wegen, die zunächst Goethe in seiner Morphologie beschritten hat, in die Vorgänge der Bildung und Umbildung ein und lernt die in der Natur gestaltenden und geistigen Kräfte des Lebendigen kennen.

R. Steiner hat das Formenzeichnen selbst nicht systematisch dargestellt, sondern in verschiedenen seiner pädagogischen Vorträge episodisch unter immer neuen Gesichtspunkten behandelt. H. R. Niederhäuser hat dann 1970 die verschiedenen Schilderungen R. Steiners zusammenfassend dargestellt (in «Die Menschenschule» Nr. 2/3, 1970). Aus der Arbeit Niederhäusers ergibt sich der Ansatz zu einem Lehrplan für das Formenzeichnen.

Die ersten Gedanken zu einer ausführlicheren Darstellung des Formenzeichnens, wie sie nun vorliegt, gehen in die 70er Jahre zurück. Es war von vornherein deutlich, daß sie nach verschiedenen Seiten über die verdienstvolle Arbeit Niederhäusers hinausgehen mußte. So war zunächst im ersten Beitrag zu zeigen, wie in der sich entwickelnden Natur des Kindes die Kräfte, die im Formenzeichnen zur Entfaltung kommen, vor dem sog. Zahnwechsel gestaltend in den leiblichen Organen tätig sind. Denn nur derjenige, der die Tätigkeit dieser Kräfte in der frühen Kindheit genau kennt, weiß, womit er umgeht, wenn er Kinder zum Formenzeichnen anregt und welche Anforderungen das Formenzeichnen an ihn stellt. Auf dieser Grundlage wird dann im zweiten und besonders im dritten Beitrag behandelt, wie das Kind von den elementarsten Formen zu einem immer differenzierteren Gestalten geführt wird. Aufbauend auf den Hinweisen R. Steiners ergeben sich vielfältige Anregungen für die Praxis und ein Bild von den Schritten, auf denen sich im Laufe der ersten Schuljahre immer neue Kräfte des künstlerischen Formgestaltens und Formerlebens im Kinde entwickeln können.

Ein wichtiges Gebiet in der Pädagogik zwischen dem Zahnwechsel und der Pubertät ist die Temperamentserziehung. Die Kräfte, die im Formenzeichnen zur Entfaltung kommen, stammen aus den Bereichen des kindlichen Wesens, in denen auch das Temperament verankert ist. So kann das Formenzeichnen einen wichtigen Beitrag zur Temperamentserziehung leisten. Dies ist das Thema des vierten Beitrags.

Von hier aus ergibt sich die Beziehung zu den Möglichkeiten therapeutischen Erziehens, die im dynamischen Zeichnen liegen. Da Unterricht heute zunehmend auch therapeutische Aufgaben übernehmen muß, schien es sinnvoll, dieses dynamische Zeichnen in einem Band über das Formenzeichnen mit einer gewissen Breite zu behandeln (Fünfter Beitrag). Man muß aber sehen, daß sich das dynamische Zeichnen deutlich vom Formenzeichnen unterscheidet. Im Formenzeichnen haben die Formen immer einen in sich abgeschlossenen oder abgerundeten Charakter. Dadurch haben sie einen inneren Zusammenhang mit den Kräften, die vor dem Zahnwechsel in den Organen des kindlichen Leibes formbildend tätig waren. Beim dynamischen Zeichnen wird die Form gleichsam aufgelöst. Die Linie wird mit ihrer fortlaufenden Bewegung das vorherrschende Element. Gestaltung tritt in der Bewegung als rhythmisch sich wiederholende Figur auf, nicht als Form. So schreibt H. Gerbert: «Man hat immer die geheime Verwandtschaft der Linienkunst mit der musikalischen Bewegung empfunden, von dem Rhythmus, der Melodie, ja der Klangfarbe der Linie gesprochen» (in Roggenkamp/Gerbert «Bewegung und Form in der Graphik Rudolf Steiners», Kapitel «Über die Ursprünge der Zeichenkunst»). Im dynamischen Zeichnen wirken die Kräfte des Musikalischen und Rhythmischen. Deshalb gehen von ihm auch andere Wirkungen aus als vom Formenzeichnen. Sie ergreifen das Kind vor allem in seinen rhythmischen und Bewegungs-Prozessen.

Das Formenzeichnen entwickelt sich wohl im Bereich des Künstlerischen. Von ihm führt aber ein klarer Weg zum Wissenschaftlichen, zur Geometrie. Und durch Geometrie kann man die Formen, die im Formenzeichnen übend gestaltet werden, aus umfassenderen Zusammenhängen später denkend erfassen. So findet dieser Band in seinem letzten Kapitel dadurch eine Abrundung, daß das aus künstlerischen Quellen Geschaffene vom Licht geometrischer Betrachtung durchdrungen wird.

Die Kräfte leiblicher Formbildung und ihre Umwandlung in die Fähigkeit, Formen zu gestalten und zu erleben

Das Formbewußtsein und sein Hervortreten in der Kindheit

Man weiß seit langem, daß sich im kindlichen Seelenleben das Erleben von Form und Gestalt mit dem siebten Lebensjahr verändert. Vom ersten Lebensjahr an lernt das Kind, die Dinge seiner Umgebung in ihrer Gestalt zu sehen und seinem Alter entsprechend zu verstehen. Aber erst im Alter von sechs Jahren erwacht es gegenüber dem Reich der Formen. Bis dahin kennt es nur die konkreten Dinge. Die reine Form ist ihm noch verborgen. Den Kreis, das Dreieck oder das Rechteck faßt es als Bild der Sonne, eines Daches oder eines Kastens auf. Dieses «Vergegenständlichen» (Rubinstein) klingt in der späteren Vorschulzeit etwas ab, wenn das Kind von einem Kreis sagt, er sei «wie die Sonne» oder «wie ein Rad». Die Form als solche erfaßt es aber auch da noch nicht; es ist mit seinem Bewußtsein noch ganz dem zugewandt, was es durch die Sinne in seiner Umwelt erlebt. Deshalb sprach Volkelt von der «Formblindheit» des kleinen Kindes. Dieser Begriff wurde von verschiedenen Psychologen abgelehnt, weil das Kind doch Formen sehe und unterscheide. Er ist aber richtig, denn man muß nach Aristoteles die Form als eigenen Wesensbereich gegenüber dem Geformten, d. h. den materiellen Dingen abgrenzen[1]. Ohne diese Unterscheidung kann man bestimmte Vorgänge der kindlichen Entwicklung nicht richtig beurteilen.

In den sechziger Jahren hat Neuhaus[2] beobachtet, daß Kinder vor der Mitte des fünften Lebensjahres noch nicht in der Lage sind, einfachere geometrische Figuren auch nur annähernd formgetreu nachzuzeichnen. Die konkrete Form entfällt dem kindlichen Bewußtsein, wenn es den Blick von ihr abwendet. Von der zweiten Hälfte des fünften Lebensjahres an halten die Kinder einzelne Merkmale der Form fest, aber noch nicht das Ganze. Dazu sind die meisten Kinder erst im siebten Lebensjahr fähig. Das ergibt sich auch aus Untersuchungen, die Nickel einige Jahre später durchgeführt hat[3]: er ließ Kinder u. a. von vier Bildern dasjenige aussuchen, das mit einer Vorlage genau übereinstimmte. Im fünften Lebensjahr fingen die Kinder an, die Formen zu vergleichen. Von den Sechsjährigen konnte nur ein Teil diese Aufgabe meistern. Erst bei den siebenjährigen Kindern war die Fähigkeit des Formenvergleichs voll ausgebildet.

An diesen Tatsachen kann man ablesen, was sich psychologisch in der neuen Formauffassung ausspricht. Wenn das Kind in den ersten Lebensjahren wahrnimmt, bildet es Vorstellungen, durch die es die Dinge auffaßt, unwillkürlich; die Vorstellungen lehnen sich an die äußeren Eindrücke an. Deshalb ist das Kind mit seinem Bewußtsein ganz an die äußere Erfahrung, an die Menschen und die Gegenstände seiner Umgebung, an die Pflanzen und Tiere und an das wahrnehmbare Geschehen gebunden. Das Reich der reinen Formen erschließt sich erst, wenn man ein kreisförmiges Gebilde nicht mehr als Bild der Sonne oder eines Rades, d. h. in bezug auf äußere Dinge, sondern in seiner gleichmäßig runden Form, also in seiner Formgesetzmäßigkeit bewußt aufgefaßt. Das geschieht nicht unwillkürlich; es ist ein Auffassen in innerer Tätigkeit.

Diese Tätigkeit kann man genauer fassen. Jede Formwahrnehmung beruht auf Bewegungen, die der Betrachter ausführt, und auf dem Erleben dieser Bewegungen. Es handelt sich vor allem um die Bewegung der Augen, mit denen man die Form der Dinge im Anschauen nachfährt. Nimmt man dem Menschen die Möglichkeit, mit den Augenbewegungen die Form der Dinge nachzuvollziehen, dann sieht er sie nicht. Die Form als selbständige Qualität und ihre Gesetzmäßigkeit, also das Dreieck als Dreieck, den Kreis als Kreis, erfaßt das Kind erst dann, wenn ihm dieses Nachbilden als eigene Tätigkeit zum Bewußtsein kommt. Vorher sind die Bewegungen unwillkürlich, ein bloßes Nachahmen; das Formerleben ist an die äußeren Dinge gebunden, die diese unwillkürlichen Bewegungen anregen. Es fehlt noch die innere Aktivierung, die innere Führung, die das Bewegungserleben zur Selbstgewißheit eines reinen Formerfassens erhebt. Das Formbewußtsein verlangt die Fähigkeit, Formen in innerer Tätigkeit nachzubilden.

Dieser aktive Charakter der Formauffassung wurde in der Gestaltpsychologie wieder aufgedeckt. Das «Gesetz der Prägnanz» macht darauf aufmerksam, daß man z. B. eine Reihe von Punkten, die annähernd auf einer Kreislinie liegen, als einen Kreis sieht. Die äußeren Eindrücke sind nur der Anlaß, die Form in ihrer Gesetzmäßigkeit innerlich tätig zu bilden. Man kann auch durch Selbstbeobachtung bemerken, daß Form immer nur durch die bewußte formbildende Tätigkeit erfaßt wird.

Die innere formbildende Tätigkeit tritt im siebten Lebensjahr im Bewußtsein des Kindes als neue Fähigkeit auf. Sie ist für die weitere Seelenentwicklung von großer Bedeutung. In ihr liegen nicht nur die Anlagen für die Geometrie. Durch sie kann sich das Kind innere Bilder ohne unmittelbare Anlehnung an konkrete Wahrnehmungen machen. Wenn das Kind diese Bilder frei schaffend z. B. an den Erzählungen der Erwachsenen bildet, sprechen wir von Phantasie. Ruft es sich willkürlich Vergangenes in Bildern wieder ins Bewußtsein, dann betätigt es die gleichen Kräfte im Ausgestalten des Erinnerungsbildes. So wirken die neuen Kräfte in jenen beiden Seelenbetätigungen, durch die das Kind zu einem rein innerlich verlaufenden, sich von der Wahrnehmung lösenden Seelenleben kommt.

Der psychologischen Betrachtung ist das Auftreten der formerfassenden Tätigkeit in der kindlichen Seele ein unauflösbares Rätsel; denn man kann sie nicht auf die bisherigen Inhalte und Vorgänge des kindlichen Seelenlebens zurückführen. Man kann nur feststellen, daß die Kräfte, über die das Kind nun neu verfügt, ihren Ursprung in den unbewußten Bereichen seiner Wesenheit haben müssen und daß dort, in den vom gewöhnlichen Bewußtsein nicht aufhellbaren Regionen, Veränderungen vorgehen, die zum Bewußtwerden eben dieser Kräfte führen. Für die Pädagogik ist diese Auffassung zu unbestimmt. Will man im Unterricht die in den Kindern vorhandenen Kräfte aufgreifen, sie zur Entfaltung und zur Entwicklung der in ihnen liegenden Anlagen führen, dann muß man sie in ihrer inneren Natur kennen. Es genügt nicht, sie in den Resultaten ihrer Betätigung zu beschreiben, wie das im allgemeinen in der Entwicklungspsychologie geschieht. Man muß in die besondere Art ihres Wirkens eindringen, und sie dort aufsuchen, wo sie im Kinde tätig sind, bevor sie zwischen dem fünften und siebten Lebensjahr im Bewußtsein auftauchen. Wir müssen die Betrachtung also über die Grenzen der psychologischen Untersuchung in das umfassendere Gebiet der Menschenkunde ausweiten. Indem wir die formbildenden Kräfte in ihrem frühen Wirken kennenlernen, werden wir eine Grundlage gewinnen, um das Formenzeichnen im Zusammenhang der menschlichen Entwicklung und in seiner pädagogischen Bedeutung zu verstehen.

Die frühe Kindheit als Zeit leiblicher Umgestaltung

In den ersten Lebensjahren wird aus dem hilflosen Säugling ein Kind, das die menschliche Haltung und Bewegung souverän beherrscht, das durch die Sprache seine Wünsche, seine Erlebnisse und Gedanken anderen Menschen mitteilt, die sprachlichen Äußerungen der anderen versteht und das nicht nur weiß, was die Dinge seiner Umgebung sind, sondern das auch in Anfängen zum Denken gekommen ist. Im allgemeinen schaut man bei dieser Entwicklung darauf hin, wie das Kind zunehmend seelische und geistige Kräfte in seinem Leib betätigt. Man verfolgt, wie jeder Schritt, durch den das Kind sein geistig-seelisches Wesen stärker im Leibe zum Ausdruck bringt, auf dem Bemühen des Kindes beruht, das zu tun, was es an den Menschen seiner Umgebung wahrnimmt. Man beachtet aber weniger, daß alle Entwicklung in der frühen Kindheit mit Veränderungen des Leibes und seiner Organe verbunden ist. Wenn das Kind die vertikale Haltung erringt, entwickeln sich die Muskeln; sie differenzieren sich funktionell in die phasische und tonische Muskulatur, und große Teile des Knochensystems gestalten sich in ihren Formen um. Während das Kind sprechen lernt, werden Brustkorb, Schlund und bestimmte Partien des Gehirns umgebildet bzw. ausdifferenziert. Im Gehirn entstehen komplizierte Strukturen, wenn das Kind die Fähigkeit erwirbt, die Dinge seiner Umgebung zu sehen, zu verstehen und Zusammenhänge zu erfassen.

Der Leib des kleinen Kindes ist noch weicher und bildsamer als der des Erwachsenen. Während er wächst, verändern sich seine Formen. In diesen Umbildungsvorgängen leben individuelle seelische und geistige Kräfte des Kindes auf. Diese Formverwandlung ist eine der wichtigsten Tatsachen frühkindlicher Entwicklung. In der Physiologie kennt man den Begriff der reifenden Funktion. Ebenso gibt es aber auch die reifende Gestalt. Auf diesen fundamentalen Tatbestand hat Rudolf Steiner in seiner ersten pädagogischen Schrift mit folgenden Worten hingewiesen: «Bis zum Zahnwechsel im siebten Jahre hat der Menschenleib eine Aufgabe zu verrichten, die wesentlich verschieden von den Aufgaben aller anderen Lebensepochen ist. Die physischen Organe müssen sich in gewisse Formen bringen; ihre Strukturverhältnisse müssen bestimmte Richtungen und Tendenzen erhalten. Später findet Wachstum statt, aber dieses Wachstum geschieht in aller Folgezeit auf Grund der Formen, die sich bis zu dem angegebenen Zeitpunkt herausgebildet haben.»[4]

Dieser Prozeß der Umformung hat in den verschiedenen Bereichen des kindlichen Leibes einen recht unterschiedlichen Charakter. Der größte Gegensatz besteht zwischen den Organen des statischen Systems, durch die sich das Kind aufrichtet und in die Wirkungsrichtung der Schwere hineinstellt, und dem Kopf, der durch seine in sich geschlossene Form weitgehend aus den Wirkungen der Schwere herausgehoben ist. Die vertikale Haltung des Leibes bedeutet stärkste Verbindung und Auseinandersetzung mit der Schwere. In den Füßen und Beinen, im Bereich des Beckens und in der Wirbelsäule, als den Hauptorganen des statischen Systems, sind die formenden Kräfte in inniger Auseinandersetzung mit den Wirkungen der Schwere tätig. Durch sie entsteht im Laufe der Kindheit die vollkommene Architektur des menschlichen Leibes. Die Kräfte, die im Kopf des Kindes, besonders auch im Gehirn, formend wirken, sind plastisch gestaltend. Der Unterschied zwischen architektonischer und plastischer Gestaltung besteht darin, daß bei allem Architektonischen Lasten und Tragen in das richtige Verhältnis zueinander gebracht werden müssen; das Plastische dagegen geht ohne diesen Zusammenhang mit der Schwere aus rein inneren Formgesetzen hervor.

Auf die inneren Organe des Rumpfes hat die Schwere einen nur geringen Einfluß. Insofern steht die Formbildung hier den plastischen Gestaltungsprozessen des Kopfes näher als den architektonischen in den Beinen und in der Wirbelsäule.

Um die Qualität dieser verschiedenen Kräfte, die wir bisher nur sehr allgemein charakterisiert haben, konkret zu erfassen. bedarf es einer besonderen Erkenntnismethodik. Die anatomische Beschreibung richtet sich auf die physische Form und ihre Veränderung. Man kann von dieser Betrachtung zu einer künstlerischen fortschreiten, indem man im Anschauen die Formen in innerer Tätigkeit nachbildet. Durch diese produktive Regsamkeit lernt man in der Gestalt und ihren Veränderungen die gestaltend tätigen Kräfte kennen. Man findet in den Gestalten das Gestaltende. Diese Erweiterung der Erkenntnismethodik, die R. Steiner in verschiedenen pädagogischen und medizinischen Darstellungen skizziert hat, läßt die Gestalt der physischen Organe als Manifestation der diese Gestalt bewirkenden Bildekräfte[5] erscheinen.

Die architektonische Formbildung

Die Umbildungen, die mit der Aufrichtung unmittelbar im Zusammenhang stehen, beginnen in der Wirbelsäule. Beim Neugeborenen ist die Wirbelsäule noch fast gerade; die Krümmungen der Brustwirbelsäule, des Halses und der Lendenwirbelsäule sind kaum angedeutet. Sie bilden sich im Laufe der ersten Lebensjahre ziemlich weit aus. Lediglich die Biegung der Lendenwirbelsäule ist im 7. Lebensjahr noch wenig ausgeprägt. Wie undifferenziert die Wirbelsäule des Kindes in den ersten Lebensmonaten ist, sieht man auch an der Tatsache, daß die Wirbel alle etwa die gleiche Größe haben. Im Zusammenhang mit der Aufrichtung werden die Wirbel, insbesondere die Wirbelkörper, als die tragenden Elemente der Wirbelsäule nach unten hin immer größer. Vergleicht man einen Halswirbel mit dem Lendenwirbel eines Erwachsenen, dann bekommt man einen Eindruck von dem unterschiedlichen Wirken der bildenden Kräfte in den oberen und unteren Regionen der menschlichen Wirbelsäule.

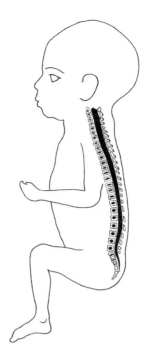

Die Wirbelsäule eines neugeborenen Kindes (im Längsschnitt). Die Biegungen sind kaum angedeutet; die Wirbel haben oben und unten annähernd die gleiche Größe (nach Benninghoff, verändert).

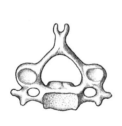 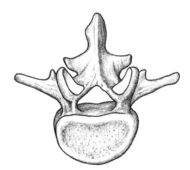

Hals- und Lendenwirbel eines Erwachsenen (nach Benninghoff).

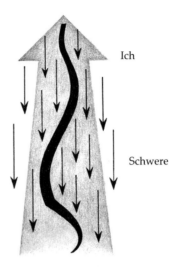

Die Wirbelsäule eines Jugendlichen (schematisch) als Ausdruck der ineinanderwirkenden Kräfte der lastenden Schwere und des Ich.

In dieser Umgestaltung kommt das Zusammenspiel von zwei entgegengesetzten Wirkungen zum Ausdruck. Zum einen bemerkt man, wie die Schwere den kindlichen Organismus stark durchwirkt. Sie führt in dem Größerwerden der Krümmungen zu einem leichten Zusammensinken des Rumpfes. Das starke Wachstum der unteren Wirbel ist Ausdruck der größeren Belastung in den tieferen Bereichen der Wirbelsäule. Zu gleicher Zeit wird aber auch deutlich, wie die Schwere bewältigt wird. Die Krümmungen sind jene Form, durch die das Kind die lastende Schwere ergreifen und überwinden kann; nur dadurch, daß die Krümmungen stärker werden, wird die Wirbelsäule, zusammen mit der zu ihr gehörigen Muskulatur, zur Organisation des Sich-Aufrichtens. Im Entstehen der geschwungenen Wirbelsäulenform greifen die Schwere des Leibes und die vom Kinde errungene innere Kraft der Aufrichtung ineinander. Das gilt auch für die unterschiedliche Ausbildung der Wirbel; denn das stärkere Wachstum in den unteren Bereichen der Wirbelsäule führt zu Bildungen, die der größeren Belastung entsprechen. So kommt bis in die einzelnen Glieder der Wirbelsäule das Wirken von Kräften zum Ausdruck, die die lastende Schwere bemeistern.

In seiner Studie über «Die aufrechte Haltung» schreibt E. Strauß «Immer ist die aufrechte Haltung Gegenrichtung gegen die niederziehenden Kräfte; sie sind stets am Werke; ohne sie wäre die aufrechte Haltung nicht, was sie ist. Sie ist eine Überwindung ohne Ende.»[6] Die Kraft, die der Mensch in jedem Moment erzeugen muß, um die niederziehenden Kräfte zu überwinden, ist der Wille. Die innere Natur des Willens liegt geradezu darinnen, daß er sein Wirken unentwegt erneuert. Deshalb erlebt der Mensch im Willen auch das Zentrum des eigenen Wesens. Aus diesem Zentrum lernt das Kind in seinem Leibe die Schwere bemeistern und sich im Gleichgewicht halten. Dabei gewinnt es das Erlebnis, ganz aus sich selbst tätig zu sein und dabei in sich selbst (im Gleichgewicht) zu ruhen. Das ist das Erlebnis des Ich. – So sieht man, welche Kräfte es sind, die in der Umbildung der Wirbelsäule sich bis in die physische Form ausprägen. Es ist das Ich des Kindes, das seine Kräfte in denen der Schwere so zum Ausdruck bringt, daß es diese bewältigt.

Zunächst sind die Wirbel nur unvollkommen verknöchert, sie sind z.T. noch knorpelig. Mit der komplizierten Umwandlung der knorpeligen Bildung in die knöcherne ist immer eine stärkere Durchformung verbunden. Dieser Vorgang spielt sich in der Wirbelsäule vorwiegend bis zum 7. Lebensjahr ab. Bis zum 3. Lebensjahr sind die beiden Hauptelemente der Wirbel, Wirbelkörper und Wirbelbogen, nur knorpelig miteinander verbunden. Sie wachsen dann – von der Mitte der Wirbelsäule ausgehend – bis zum 7. Lebensjahr knöchern zusammen.

Durch die reiche Untergliederung der Wirbelsäule ist das Aufrichten ein lebendiges Wechselspiel von Zusammensinken und innerer Straffung, in das das Atmen und verschiedene seelische Erlebnisse wie Selbstsicherheit, Erleichterung, Ermattung, Niedergeschlagenheit, hineinwirken.

In den Beinen und Füßen kommt das Kind in direkten Kontakt mit der Erde. Hier gliedert es sich viel stärker in die physischen Wirkungen der Schwere ein. In der Wirbelsäule betätigt der Mensch seine Kräfte im Inneren seiner Leibesorganisation. Mit den Beinen und Füßen steht er unmittelbar in einer äußeren Kraftentfaltung. Beim Neugeborenen ist davon noch nichts zu bemerken. Keine andere Organisation ist bei der Geburt in der Entwicklung so wenig vorangeschritten wie die der Beine und Füße. Das Kind kann seine kurzen Beine selbst dann, wenn es gehen lernt, in den Knien noch nicht durchstrecken. Erst in vielfältigen Umbildungsprozessen werden sie zu den tragenden Säulen des Rumpfes. Die kleinen Füße sind noch verhältnismäßig breit; das für den Menschen so charakteristische Gewölbe ist kaum angedeutet. Bei normaler Entwicklung bildet es sich bis zum 7. Lebensjahr. Damit entsteht jene Form, in der zwischen dem Ballen und der Ferse der lastende Druck des Leibes zur stärksten Wirkung kommt und in der sich zugleich die stärksten Kräfte im Bemeistern dieses Druckes entwickeln. Die komplizierte Architektur dieses Gewölbes ist die Basis, über der sich der Mensch im Gleichgewicht halten kann.

Sehr eindrucksvoll ist der Umgestaltungsprozeß in den Unterschenkeln des Kindes, insbesondere im Schienbein (siehe Abb. auf S. 18). Seine Form ist beim Neugeborenen noch ganz uncharakteristisch. Verfolgt man ihre Veränderung, so erfaßt man in der Streckung des Knochenschaftes ein starkes Wachstum gegen die Schwere. Wo am Knie das Gewicht des Leibes auflastet, entsteht eine schöne, kapitellartige Form. Das Schienbein wird zu einem Gebilde, an dem die gestaltenden Kräfte in den Formen sichtbar werden: das kraftvolle Überwinden der Schwere und die Verdichtung des stützenden Tragens an der Stelle, wo der Druck von oben in das Schienbein hineinwirkt. Seine Formen bekommen einen künstlerischen Charakter. Von künstlerischer Gestaltung kann man sprechen, wenn die unsichtbaren Kräfte und Gesetze, die in einer Bildung am Werke sind, diese so stark durchdringen, daß sie in dieser ihr eigenes Wesen zur Erscheinung bringen – wenn das Geistige dem Stoff sein Gepräge gibt. In diesem Sinne erhält das Schienbein in der Kindheit eine künstlerische Gestaltung.

Ebenso wird auch der Oberschenkelknochen in seiner Formentwicklung architektonisch-künstlerisch durchgestaltet. Im Längerwerden manifestiert sich eine starke Impulsierung des Wachstums gegen die Schwere; im Hervortreten des Oberschen-

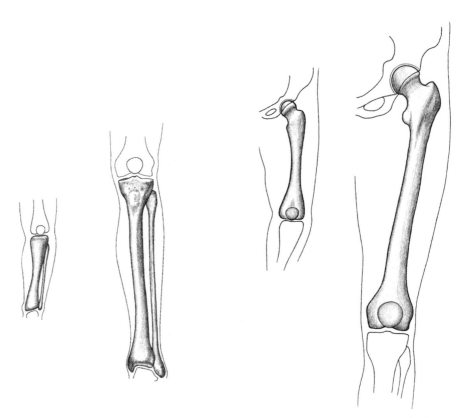

Die Formen des Oberschenkelknochens beim Neugeborenen und beim Jugendlichen (nach Crelin, Benninghoff und Lanz-Wachsmuth).

Die Formen des Schien- und Wadenbeins beim Neugeborenen und Jugendlichen (nach Crelin, Benninghoff und Lanz-Wachsmuth).

kelhalses und im Kleinerwerden seines Winkels mit dem Schaft die drückende Last des Rumpfes und zugleich deren kraftvolle Bewältigung.

Zwischen den Gestaltungsvorgängen in der Wirbelsäule und in den Beinen und Füßen besteht ein wichtiger Unterschied. In beiden Bereichen werden jene inneren Kräfte wirksam, die im kindlichen Organismus die Schwere überwinden – aber in verschiedener Weise. Das Ich des Kindes ergreift die in der Wirbelsäule lastende Schwere vorwiegend auf dem Wege über die Rückenmuskulatur. Dadurch ist die Aufrichtung ein lebendiger Prozeß. In der Umbildung der Beine zu den tragenden Säulen des Leibes ist das Ich ganz in der Formbildung tätig. Dadurch werden die Knochen der Beine und die Architektur des Fußes in ihrer physischen Form zum Ausdruck des in der Schwere wirkenden Ich. Das Ich des Kindes ist hier – unbewußt – an Bildungsvorgängen im Bereich der physischen Stoffe und physischen Kräfte beteiligt.

Von architektonischer Durchgestaltung des kindlichen Leibes kann man bei genauer Anwendung dieses Begriffes nur in den Beinen und Füßen sprechen. Architektur ist Bau. In der Wirbelsäule herrscht innere Beweglichkeit. Sie ist bestenfalls beginnende Architektur. Die Kräfte des Tragens und Lastens werden nur in den Wirbelkörpern bis in die feste Form, d. h. als Bau sichtbar. So hat die künstlerisch-architektonische Durchformung des kindlichen Leibes ihren Höhepunkt in den Füßen und den Beinen, die sich im Becken wie in einer Gewölbekonstruktion zusammenschließen. In der Wirbelsäule findet man sie – nach oben abklingend – nur noch in den Wirbelkörpern.

Die plastische Formbildung

In den Beinen und Füßen kann man von irdischer Gestaltung sprechen, weil der kindliche Leib hier in seiner Bildung stark von den aus der Erde ausstrahlenden Kräften der Schwere bestimmt wird. Das Ich organisiert diese Kräfte in den kindlichen Organismus ein. Von entgegengesetzter Art ist die Gestaltung im Kopf des Kindes. Dieser ist beim Neugeborenen von oben betrachtet annähernd fünfeckig. Die Stellen, von denen während der Embryonalzeit die zunächst zarte Knochenbildung ausgegangen ist, treten als Aufwölbungen hervor. Von der Seite gesehen fehlt dem Hinterhaupt die spätere Rundung noch weitgehend. In den ersten sieben Lebensjahren wächst der Gehirnschädel etwa zu seiner endgültigen Form heran. Während dieser Zeit erhält er seine schön gerundete Form. Die einzelnen, zunächst voneinander getrennten Knochen verwachsen zu einer einheitlichen Gestalt, in der sie nur noch Elemente eines höheren Ganzen sind; am stärksten ist die Verwachsung und das Sich-Abkapseln im Bereich der Stirn. Durch diese Umbildung erhält der Gehirnschädel mit der einheitlichen Rundung seiner Form eine Orientierung zum Umkreis. Lediglich an der Schädelbasis, wo sich die übrigen Teile des Schädels angliedern, ist diese Rundung deformiert. Wenn man verfolgt, wie diese Umformung mit dem Wachstum verbunden ist, dann erfaßt man, daß die Bildekräfte sphärisch ausweitend tätig sind; sie sind kosmisch orientiert. Zugleich führen sie in die knöcherne Verdichtung und Erstarrung.

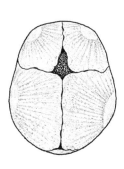 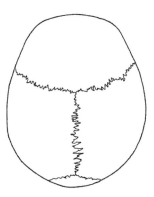

Der Schädel eines Neugeborenen und eines siebenjährigen Kindes von oben (z. T. nach Langman).

Im Rumpf bleiben die plastischen Bildekräfte mit ihrem gestaltenden Wirken mehr im Bereich der weichen, lebendigen Form. Besonders schön kann man sie an den Veränderungen des Brustkorbes und der Lunge studieren. Der Brustkorb des Neugeborenen ist in seiner Form der des Schulkindes noch recht unähnlich. Er ist schmal und durch das schräg nach vorn gerichtete Brustbein weitgehend offen. Er hängt als steifes, unbewegliches Gebilde vor der Wirbelsäule. Das Kind atmet in den ersten Monaten nur durch die Bewegungen des Zwerchfells. Die Umgestaltung beginnt im ersten Lebensjahr. Hierbei wird die Wirbelsäule in den Brustkorb eingegliedert. So kommt das in der Aufrichtung wirkende Ich in eine enge Verbindung mit der sich nun entwickelnden rhythmisch pulsierenden Rippenatmung.[6] Gleichzeitig senkt sich das Brustbein und mit ihm der ganze Brustkorb. Er wird zu einem mehr in sich abgeschlossenen Innenraum, der sich nach beiden Seiten weitet. Die Rippen erhalten in dieser Umbildung ihre schöne Rundung.

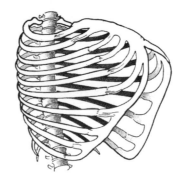

Der Brustkorb eines neugeborenen Kindes von der Seite (nach Töndury).

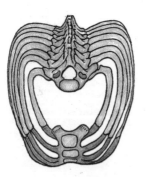 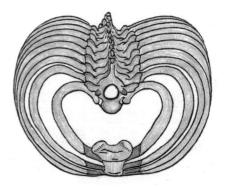

Der Brustkorb des neugeborenen Kindes und des Erwachsenen von oben.

Dadurch, daß die Wirbelsäule tiefer in den Innenraum der Brusthöhle eindringt, während sich diese nach beiden Seiten ausdehnt und sich in der Vertikalrichtung streckt, steigert sich die Symmetrie in diesem Bereich des menschlichen Leibes. Dieser ist auch in anderen Organen weitgehend symmetrisch gebildet, in den Gliedern, in der Lage der Augen und Ohren, im Gehirn und in der Form des Antlitzes. An keiner anderen Stelle ist die Symmetrie durch die zentrale Achse der Wirbelsäule aber so prägnant wie im Brustbereich, zumal der Mensch im Aufrichten an dieser Achse sein Selbst betätigt und erlebt.

Das wird auch deutlich, wenn man verfolgt, wie sich die Lunge mit ihren beiden Flügeln in diese symmetrische Organisation eingliedert. – Zunächst liegt sie wie eine Kappe auf der flachen Wölbung des Zwerchfells. Im Verhältnis zu den anderen Organen, besonders zur Leber, ist sie noch recht klein. Bis zum achten Lebensjahr erhält sie ihre annähernd endgültige Form wie der Brustkorb, der nun «in jeder Beziehung dem des Erwachsenen vergleichbar ist».[7] Ihre Form dehnt sich nach oben mächtig aus; sie weitet sich sphärisch nach den Seiten; vorn und hinten entsteht eine schöne weitgespannte Rundung.

In dieser Umbildung wirken sphärisch orientierte Bildekräfte. Mit ihnen zusammen sind aber noch andere Kräfte in der plastischen Umgestaltung der Lunge tätig. Diese wölben das Zwerchfell von unten stärker auf; sie drängen die Lunge nach oben zurück und deformieren von unten die sphärische Bildung. Nach Rudolf Steiner[8] sind diese Kräfte wie die in den architektonischen Gestaltungen wirkende Schwere physisch-irdischer Natur. – So sind in der Formentwicklung der kindlichen Lunge sphärisch ausdehnende, kosmisch orientierte und drückende, irdisch zentrierte Kräfte gemeinsam am Werke.

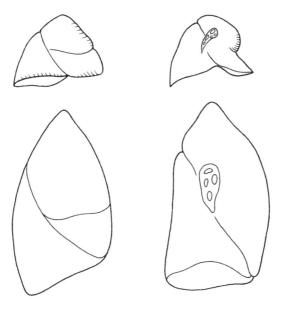

Der rechte Lungenflügel (von der Seite) und der linke Lungenflügel (von links innen) eines Neugeborenen und eines Kindes nach dem 7. Lebensjahr (z. T. nach Blechschmidt).

Auch in der Leber wirken während der postnatalen Entwicklung diese zwei gegensätzlichen Kräfte zusammen. Schon bei der Geburt ist die Leber stärker asymmetrisch als die Lunge. Die Asymmetrie steigert sich, indem die ausweitenden Kräfte im rechten Leberlappen intensiver tätig werden als im linken. Sie führen aber nur zu einer flachen Aufwölbung. Insgesamt ist die drückende Wirkung mächtiger als die sphärisch-ausdehnende. Dadurch entsteht an der Unterseite der Leber eine weitgespannte Einbuchtung, die sich den Verdauungsorganen zuwendet. Von dort strömen der Leber mit dem Blut die neu aufgenommenen Substanzen durch die Pfortader zu.

Von der Vielseitigkeit der im Kinde tätigen plastischen Bildekräfte bekommt man einen Eindruck, wenn man die Formentwicklung weiterer Organe betrachtet, z. B. die der Niere. Auch hier ist die Form bei der Geburt noch recht einfach. Sie erscheint auch deshalb etwas ungewöhnlich, weil die Nierenlappen sich durch die dünne Nierenkapsel an der Oberfläche abdrücken. Bis zum sechsten oder siebten Lebensjahr entsteht dann die charakteristische Form mit der umgreifenden Gebärde über und unter dem Nierenhilus. Hierbei weitet sich der innere Raum der Niere viel umfänglicher zum Umkreis. Die Formbildung führt durch Verdichtung der Nierenkapsel zu einer derben Begrenzung und damit zu einer einheitlichen Gestalt. – Im Gegensatz zu Lunge und Leber sind in der Niere vorwiegend sphärisch ausweitende, kosmisch orientierte Bildekräfte tätig, die allerdings nach den verschiedenen Richtungen des Umkreises mit unterschiedlicher Intensität wirken.

So entwickeln sich in der frühen Kindheit alle Organe des Rumpfes zu plastisch vollkommeneren Formen. Das gilt auch für den Rumpf in seiner ganzen Gestalt. Die Kräfte, die hier im Unterbewußten die zunächst primitiven Formen wie ein innerer Künstler zu den plastisch höherstehenden umarbeiten, sind von sehr verschiedener Qualität. Sie können so differenziert sein wie die in der Lunge tätigen oder so einfach wie diejenigen, die dem Magen seine endgültige Form geben.

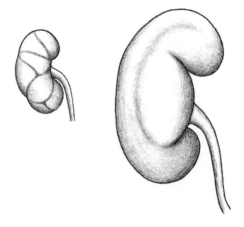

Die rechte Niere eines Neugeborenen und eines Erwachsenen (nach Crelin und Benninghoff, z. T. verändert).

Die Formbildung betrifft aber nicht nur die äußere Gestalt der Organe. Die gestaltenden Kräfte führen auch zur inneren Durchstrukturierung. In den Knochen bilden sie die ungeordnete Substanz des Geflechtknochens im Zusammenhang mit der Aufrichtung, d. h. mit dem Eingreifen der Schwerewirkungen in die vollständig durchgeformte Struktur des Lamellenknochens und den trajektoriellen Bau der Knochenbälkchen in der sogenannten Spongiosa um. In der Lunge entstehen im wesentlichen erst nach der Geburt die Alveolen, die vom Blut umspülten Lungenbläschen, «deren Zahl bis zum achten Lebensjahr ansteigt und deren Einzelgröße sodann bis zur Maximalentfaltung des Brustkorbes noch zunimmt»[9]. Durch viele Jahre werden hier die feineren Strukturen gebildet; danach wachsen sie nur noch. Ebenso bilden sich in der Leber erst nach der Geburt die kleinen 1,5 bis 2 mm langen Leberläppchen, in denen die aus der Verdauung stammende Substanz umgewandelt und in den menschlichen Lebensorganismus aufgenommen wird.

Die frühkindliche Formbildung – ein vom Kopf ausgehendes Geschehen

Wie ist nun das Verhältnis dieser nach der Geburt tätigen Gestaltungskräfte zu jenen Bildekräften, die während der Embryonalzeit überhaupt erst den menschlichen Leib im Rahmen der durch die Vererbung gegebenen Bedingungen formen? Die Art wie die postnatale Organbildung in der Entwicklungsgeschichte beschrieben wird, führt zu der Auffassung, sie wäre einfach die Fortsetzung der pränatalen. Das ist eine Annahme, die heute weitgehend als eine Selbstverständlichkeit gilt. Es ist aber bekannt, daß die Umbildungen in der Wirbelsäule oder in den Füßen nur dann eintreten, wenn sich das Kind durch sein individuelles Bemühen aufrichtet und in seiner Haltung sein Ich zum Ausdruck bringt. Diese Umgestaltungen sind also nicht das Resultat einer genetisch bestimmten Entwicklungsfolge. Das wird noch deutlicher, wenn man mit künstlerischem Sinn erfaßt, wie das Ich sich in diesen Formveränderungen ausprägt.

Die postnatale ist nicht einfach die Fortsetzung der embryonalen Formbildung. Nach der Geburt wächst und gestaltet sich der Leib des Kindes nur, wenn die Hypophyse Somatotropin in der richtigen Menge an das Blut abgibt. Im Mutterleib entwickelt sich der kindliche Leib aber auch dann, wenn die Hypophyse und damit auch das Somatotropin fehlen. Erst nach der Geburt ist diese vom Kopf ausgehende physiologische Wirkung die Bedingung für Wachstum und Gestaltung.

Dies ist ein Beispiel einer allgemeineren Gesetzmäßigkeit. Viele Entwicklungsprozesse verlaufen beim Menschen kraniokaudal: die Bildungsvorgänge beginnen im Kopfbereich und dringen dann von hier aus immer weiter in den übrigen Organismus vor. Wie ist das bei den Vorgängen postnataler Formbildung?

Zunächst entsteht der Leib des Kindes während der Embryonalentwicklung. Die embryonal tätigen Bildekräfte tragen in sich die aus der Vererbung stammenden Spezialwirkungen. In die aus der Vererbung entstandene Leibesorganisation strahlen nach der Geburt neue Bildekräfte hinein. Sie durchdringen und verwandeln das embryonal entstandene Gefüge der Bildekräfte. Dieses Geschehen durchzieht die ganzen Jahre der frühen Kindheit. Dabei entsteht, wie wir das an verschiedenen Organen geschildert haben, eine verwandelte Kräfteorganisation. Die Kräfte, die da im Kind als plastisch- und architektonisch-gestaltende aufleben, werden in den Leib gleichsam hineinorganisiert. Sie haben auch eine kraniokaudale Wirkungsrichtung. Aus seiner Erforschung der im Kinde tätigen Bildekräfte hat R. Steiner dargestellt, wie die umgestaltenden Kräfte vom Kopf des Kindes ausgehen, in den übrigen Organismus hineinstrahlen und dort formend in den Organen tätig werden.[10]

Dieser Vorgang ist dem Nachahmen des Kindes eng verwandt. Wenn ein Kind z. B. die Bewegungen der Mutter nachahmt, dann wirken die Bilder, die von diesen Bewegungen in seinem Bewußtsein entstehen, unwillkürlich in seine Glieder. Das Nachahmen beruht darauf, daß die an der Außenwelt entstandenen Bilder vom Kopf in den übrigen Organismus hineindringen. Sie leben dort in den Formen der Bewegung und des kindlichen Verhaltens. Insofern ist auch das Nachahmen eine Art von gestaltendem Geschehen, das allerdings von der Seele aus in den Leib hineingreift. – Beim kleinen Kind besteht insgesamt ein besonders enger Zusammenhang zwischen dem Kopf und dem übrigen Leib; vom Kopf gehen gestaltende Wirkungen auf den übrigen Organismus aus.

Der Zahnwechsel als Abschluß der Formbildung

So sind formende Bildekräfte in den Verwandlungen des kindlichen Leibes am Werk, bevor das Kind formbildende Kräfte im Bewußtsein, d. h. seelisch betätigt. Um den Zusammenhang zwischen der formenden Tätigkeit im wachsenden Leib und in der Seele des Kindes sachgemäß beurteilen zu können, müssen wir die Zahnbildung und den Zahnwechsel betrachten. Die Zahnbildung nimmt unter allen Formbildungsvorgängen eine besondere Stellung ein. Im Kiefer des Kindes entstehen die sog. Zahnsäckchen und in ihnen das zarte Schmelzorgan. Es ist die Hohlform des späteren Zahnes; in ihr entsteht der Zahn, der Zahnschmelz von außen nach innen, das Zahnbein von innen nach außen. Dabei findet keine Formentwicklung wie bei den anderen Organen statt. Deshalb wird das Schmelzorgan in der Odontologie als Gußform bezeichnet. In den Zähnen hat die Formbildung ihren reinsten Ausdruck. Die entstehenden Gebilde sind ganz Form, d. h. erstarrt, ohne Wachstum und fast ohne Leben. Deshalb muß jener Vorgang, der sich im ganzen Leib des Kindes als Formentwicklung abspielt, bei den Zähnen in einer stark modifizierten Weise erscheinen. Die Kräfte, die einem Organ seine neue Gestalt geben, können hier nicht in ein bildsames Material umgestaltend eingreifen. An die Stelle der Umbildung tritt die Neubildung. Sie beginnt bei den Schneidezähnen und dem Eckzahn schon im ersten Lebensjahr, bei den Backenzähnen dann, wenn die Milchzähne durchgebrochen sind, also im dritten Lebensjahr. Von den ersten zu den zweiten Zähnen vollzieht sich wie in den übrigen Organen auch «Wachstum» und stärkere Durchformung: die zweiten Zähne werden größer; sie sind charakteristischer geformt; und mit den Prämolaren bildet sich zwischen dem Eckzahn und den eigentlichen Backenzähnen eine neue Zahnform. Zwischen sechs und sieben Jahren haben sich die Kronen

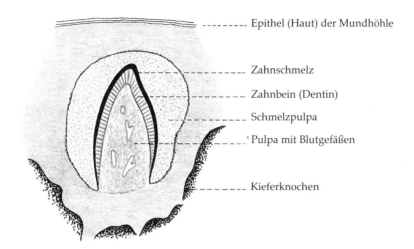

Die Krone eines Schneidezahnes auf einer frühen Stufe ihrer Bildung (im Längsschnitt). Der Zahn «wächst», indem die Formbildung am unteren Ende fortschreitet. Der entstandene Teil des Zahnes hat bereits die endgültige Form und Größe.

der zweiten Zähne voll ausgebildet; nur bei den Weisheitszähnen ist die Entwicklung stark retardiert. Damit ist die Formbildung der Zähne in ihrem wichtigsten Teil abgeschlossen. Das kommt dadurch sehr anschaulich zum Ausdruck, daß die neu entstandenen Gebilde aus dem lebendigen Innern des Organismus beim Zahnwechsel herausgedrängt werden. Hierbei erhalten die Zahnkronen ihre Wurzeln.

Es gibt kein deutlicheres Bild für das Ende der im ganzen kindlichen Organismus wirkenden Formbildung als dieser beginnende Durchbruch der zweiten Zähne. Er ist das äußere Zeichen für eine tiefgreifende Veränderung. In fast allen Organen stockt jetzt die architektonische und plastische Formentwicklung. Im Hinblick auf ihre Form bleiben die Organe, wie das bereits erwähnt wurde, auf der erreichten Stufe stehen. In einigen Organen wie dem Gehirn, dem Gehirnschädel und den Sinnesorganen des Auges und Ohres hört mit der Formbildung auch das Wachstum weitgehend auf.

Die leibliche Entwicklung der Kinder nimmt nun eine neue Richtung. Durch Formbildung werden die Organe dichter, d. h. weniger bildsam. So zeigen die Untersuchungen von Scammon[11] in vielen Organen des kindlichen Leibes besonders zwischen dem vierten und siebten Lebensjahr eine zunehmende Verlangsamung des Wachstums. Nach dem Beginn des Zahnwechsels im siebten bzw. achten Lebensjahr beginnen die Organe als Ausdruck einer neuen Belebung wieder stärker zu wachsen.

An diesen Tatsachen kann man eine tiefgreifende Veränderung ablesen. In der Entwicklung des Kindes geht die Epoche der Formbildung, d. h. der Individualisierung des physischen Leibes, zuende. Die formenden Kräfte strahlen nicht mehr wie bisher vom Kopf in den übrigen Organismus des Kindes hinein. Sie lösen sich von ihrem bisherigen Wirken in den Organen. Das sichtbare Symptom für diesen Vorgang ist der Zahnwechsel. Die Zähne, die jetzt aus dem Kiefer des Kindes hervorbrechen, zeigen und bewahren den Formzustand, den der menschliche Leib im siebten Lebensjahr erreicht hat. An ihrer erstarrten, mineralisierten Gestalt kann man auch sehen, daß sich die bildenden Kräfte von ihrem Werk getrennt haben. So werden die zweiten Zähne zum Denkmal für die Formbildung im ersten Jahrsiebt.

Die Kräfte, die bisher im Organismus des Kindes gestaltend tätig waren, machen nun besonders im Hinblick auf den Bereich ihres Wirkens eine Verwandlung durch. R. Steiner hat diese Veränderung in verschiedenen seiner pädagogischen Darstellungen beschrieben.[12] Er vergleicht sie bisweilen mit einem physikalischen Vorgang: mit dem Freiwerden von Wärme beim Gefrieren des Wassers. Im Wasser war die Wärme als latente Energie wirksam. Mit dem Erstarren des Wassers tritt sie aus der Materie heraus. Sie war es, die den beweglich-flüssigen Zustand bewirkt hat. In entsprechender Weise emanzipieren sich Bildekräfte im siebten Lebensjahr. Sie werden nun in der Seele, im Bewußtsein des Kindes tätig. Und die Aufgabe der Erziehung besteht nun darin, das Kind dazu anzuregen, diese Kräfte ihrem Wesen gemäß zu ergreifen und zu betätigen. Diese Kräfte, die sich aus den Organen emanzipieren und vom Leib in die Seele aufsteigen, «wollen eigentlich übergehen in plastisches Gestalten, in Zeichnen usw.»[13] Das sogenannte Formenzeichnen ist dasjenige Gebiet, in dem die Kinder besonders in den ersten Schuljahren übend und erlebend aus dem Ergreifen dieser mit ihrem Wesen nach formenden Kräften tätig werden.

Das Bewußtwerden der formbildenden Kräfte

Das Auftauchen jener Kräfte, die bisher in den Organen gestaltend tätig waren, im Bewußtsein des Kindes, kann man an verschiedenen Phänomenen bemerken. Das kleine Kind sieht wohl die senkrechte Lage und Stellung vieler Dinge, empfindet aber noch nicht das Besondere dieser senkrechten Orientierung. Es macht ihm auch wenig Mühe, Bilder anzuschauen, die schräg oder «auf dem Kopf» stehen. Mit dem Alter von sieben Jahren etwa tritt dann für das Kind in seinem Wahrnehmen alles Senkrechte stark hervor. In das äußere Anschauen dringt von innen das Erleben der eigenen senkrechten Haltung hinein. Diese hat das Kind durch die Aufrichtung erworben. Sie wurde durch die gestaltenden Kräfte seinem Organismus insbesondere in der Umformung der Wirbelsäule durch viele Jahre hindurch eingeprägt. Damit war die Umgestaltung des Brustkorbes verbunden, durch die die Arme des Kindes immer weiter zur Seite gerückt sind, bis sie in ausgestreckter Haltung mit der Wirbelsäule ein Kreuz bilden.

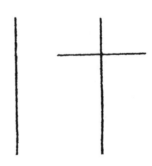

Diese Umgestaltungen erreichen im siebten Lebensjahr ihren Abschluß. Und nun werden dem Kinde die organisierenden Kräfte als das Erlebnis des Vertikalen und des Horizontalen bewußt. So lernt das Kind in diesem Alter auch links und rechts unterscheiden, d. h. sich innerlich von der senkrechten Mitte seines Rückens aus in seiner Beziehung zum rechten und linken Arm, bzw. zur rechten und linken Körperhälfte bewußt zu erleben. Damit wird es fähig, im Anschauen von Formen deren Symmetrie oder Asymmetrie zu erfassen.

In diesen Erfahrungen erlebt das Kind die Kräfte, die vorher in seinem statischen System organisierend tätig waren. Wenn man ein Kind nun veranlaßt, senkrechte Linien, waagerechte Linien oder Figuren aus der Kombination vertikaler und horizontaler Linien zu zeichnen, wird es aus dem Empfinden jener Kräfte tätig. Zeichnend ergreift das Kind Kräfte der eigenen Organisation und läßt sie in den Linien zum äußeren Bild gerinnen. Wie stark hierbei die verschiedene Richtung der Linien empfunden wird, kann man sich an vielen Beispielen verdeutlichen. Ein Quadrat mit horizontaler und vertikaler Begrenzung wirkt ruhig lagernd und passiv. Um 45° gedreht hält es sich wie ein Artist aktiv in der Gleichgewichtslage. Hier wird im Betrachter die innere Kraft des Vertikalen in verschiedener Weise angesprochen.

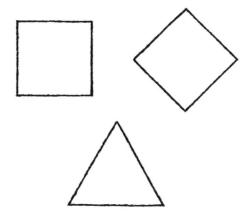

Läßt man Kinder runde Formen zeichnen, so wendet man sich in ihnen an jene Kräfte, die vor dem Zahnwechsel plastisch gestaltend in seinen Organen gearbeitet haben. Das Kind soll sich im Zeichnen mit diesen verbinden und aus ihnen die äußeren Formen zeichnen. Hierbei kann dann auch vielfältig das Vertikale und Horizontale mitklingen wie z. B. bei einer stehenden oder liegenden Ellipse.

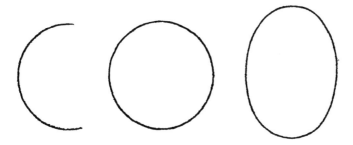

Das Einmünden der formbildenden Kräfte in künstlerisches Gestalten

Hat man durch das Studium der frühen Kindheit die plastisch und architektonisch gestaltenden Kräfte in ihren künstlerischen Qualitäten kennengelernt, so ist das für die Pädagogik von großer Bedeutung. Die Entwicklungspsychologie beschreibt auch die Veränderung des kindlichen Bewußtseins im siebten Lebensjahr. Sie beachtet dabei vorwiegend das, was sich als Auswirkung jener tieferen Umwandlungsprozesse, die wir geschildert haben, im Vorstellungs- und Gedankenleben der Kinder abspielt. Das Kind hat ja seit dem ersten Lebensjahr gelernt, im Anschauen der äußeren Dinge Vorstellungen zu bilden, durch die es deren Formen und Bedeutung erfaßt. Diese Vorstellungen sind aber flüchtig. Erst wenn sie von formenden Kräften durchdrungen werden, kann das Kind das Gesehene festhalten und als Erinnerungsbilder wieder aufrufen, auch wenn der äußere Gegenstand nicht mehr vor Augen steht. Diese Bilder kann das Kind verändern, innerlich beweglich umbilden. Damit erschließen sich seinem Denken neue Bereiche des Verstehens, die vor allem Piaget und seine Mitarbeiter mit großer Sorgfalt erforscht haben. In dieser Betrachtung erscheint die Umwandlung des kindlichen Bewußtseins im siebten Lebensjahr als ein Geschehen in der Ebene des Kognitiven. Die Veränderungen im Vorstellungs- und Gedankenleben sind aber die Wirkung eines tieferen Geschehens – eben in dem Bereich künstlerisch gestaltender Kräfte.

Kennt man diese, dann weiß man, daß man die Kinder nach dem siebten Lebensjahr zu künstlerischem Formgestalten und künstlerischem Formerleben führen muß. Andernfalls würde man die Kräfte ignorieren, die dem Kinde nun für seine Entwicklung neu zur Verfügung stehen. Was mit dem Wort künstlerisch im Hinblick auf die pädagogische Tätigkeit gemeint ist, sei noch durch einige einfache Beispiele erläutert.

Man kann z. B. von einer kreisförmigen Form ausgehen und diese durch Ausweitung und Einmuldung in eine zweite Form umgestalten. Diese bringt man zu einer

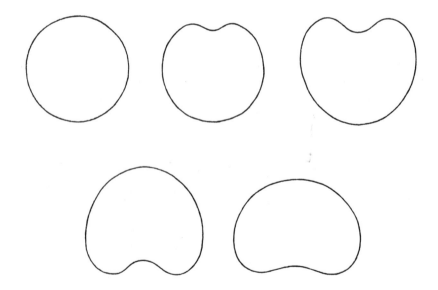

inneren Harmonie von aufsteigend sich weitender Gebärde und konkaver Eintiefung. Wenn man diese Form um 180° dreht, wirkt sie leer und verspannt. Man muß sie umgestalten, damit sie der aufsteigenden Gebärde der dritten Form als eine ruhende Gebärde entspricht. Das geschieht aus künstlerischem Empfinden, in dem die inneren plastisch gestaltenden Kräfte des Menschen regsam werden.

Etwas komplizierter ist folgender Prozeß. Im Betrachten der tropfenartigen Form kann aus dem künstlerischen Formempfinden der Drang entstehen, diese Form so umzugestalten, daß sie nicht in die Schwere sinkt, sondern sich gegenüber der Schwere hält. Die neue Form kann für sich alleine nicht bestehen; sie verlangt als Ergänzung die Gegengebärde. So kommt man aus dem künstlerischen Empfinden zu einer Form, in der Symmetrie, Bewegung und Ruhe auf einer höheren Stufe wieder zusammenklingen.

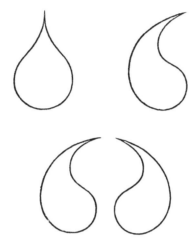

Die Formen, die man in den unteren Klassen die Kinder zeichnen läßt, dürfen nicht ausgedacht sein, wenn die Kinder durch das Formenzeichnen in ihrer Seele die plastischen und architektonischen Kräfte ergreifen sollen. Die Formen müssen zunächst vom Lehrer aus künstlerischem Formempfinden entwickelt werden. Fügt man z. B. an eine senkrechte Linie links und rechts symmetrisch eine längliche Rundung an, so erhält man eine leere, spannungslose unkünstlerische Form. Ihr fehlt der Gegensatz von oben und unten. Aus dem künstlerischen Empfinden wird man

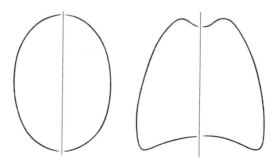

diese Form z. B. so umbilden, daß sie zunächst etwas aufsteigt, sich nach unten weitet und unten sich gegen das Versinken in der Schwere hält. Gibt man Kindern die linke Hälfte einer solchen Form und läßt sie spiegelbildlich die rechte Hälfte ergänzen, so gestaltet das Kind eine Form, die ihren Ursprung im Künstlerischen hat. Indem die Kinder sich hierbei aber an der senkrechten Achse orientieren, werden sie besonders stark aus dem Erleben des eigenen Ich zur Tätigkeit angeregt. Sie ergreifen die gestaltenden Kräfte stärker aus dem eigenen Ich als das bei den anderen Formen möglich ist.

Auf diese Weise betätigt der Mensch jene Bildekräfte, die früher den Leib in seinen Organen zu vollkommeneren Formen umgestaltet haben. Das künstlerische Empfinden führt immer wieder zu Gestaltungen, in denen jene Formen anklingen, die im Laufe der ersten sechs bis sieben Jahre im Leibe des Kindes herausgearbeitet werden. Die letzte Form mit ihrer symmetrischen Gestaltung entspricht etwa der Lunge, wenn man sie mit ihren beiden Flügeln von vorne betrachtet; die vorletzte den beiden Lungenflügeln in ihrer Form von unten.

So sind es die plastischen und architektonischen Kräfte selbst, die zu künstlerischem Gestalten drängen. Dieses Gestalten verlangt jeweils die volle Beteiligung des Willens in dem bewußt geführten Zeichnen und des Gefühls im Erleben der Formen.

Die Bedeutung des Formenzeichnens für die menschliche Entwicklung

Von hier gehen die erzieherischen Wirkungen des Formenzeichnens aus. Wenn Kinder in den ersten Schuljahren richtig angeleitet werden, einfache Formen und Formverwandlungen zu zeichnen und in ihrer Formgesetzmäßigkeit zu erleben, dann entwickelt sich die Fähigkeit einer innerlich regsamen Formauffassung. Der junge Mensch lernt durch das Formenzeichnen auch in den Formen, die ihm an den äußeren Dingen entgegentreten, die Formgebärden zu erfassen. Beim Anschauen der Dinge entstehen dann nicht nur die Vorstellungen, durch die er bisher diese Dinge in ihrer Gestalt und Bedeutung aufgefaßt hat (s. S. 11); diese Vorstellungen werden von den plastischen und architektonischen Gestaltungskräften durchdrungen und belebt. Dadurch sind dem Kinde die Formen nichts Starres oder Totes; sie sind ihm wie von innerer gestaltender Regsamkeit erfüllt. Das Wahrnehmen wird zu einem Vorgang, in dem das Kind zu innerer Gestaltungstätigkeit kommt.

Dies ist für die weitere Entwicklung von Bedeutung. Wenn der junge Mensch in den Formen der Natur – in denen der Landschaft, der Pflanzen, der Tiere usw. –, in denen der Kunst und der anderen Werke menschlicher Tätigkeit die Formgebärden erlebt, wird sein Verhältnis zur Welt konkret und reichhaltig. Das gewöhnliche Anschauen, das noch nicht von den plastisch-architektonischen Kräften durchdrungen ist, kann nur das Gewordene, das in der Form Erstarrte oder Erstorbene erfassen. Es beschränkt das menschliche Bewußtsein auf das, was in der Welt das Tote ist. Mit dem gestaltend tätigen Anschauen aber bleibt der Mensch nicht an der Oberfläche des Gewordenen stehen; er kann in das innere Leben der Dinge eindringen. Lernt er z. B. die Formen der Pflanzenwelt so nachzubilden, wie er es vorher mit den einfachen

Figuren im Formenzeichnen getan hat, dann findet er in der lebendigen Natur deren Bildungsgesetze und ihre gestaltenden Kräfte. Dadurch, daß sein Anschauen zu einer dem künstlerischen Schaffen verwandten Tätigkeit wird, dringt er in das Leben und in die geistig schaffenden Kräfte der Welt ein. Mit dem Formenzeichnen beginnt die Ausbildung von Fähigkeiten, die das menschliche Erkennen weit über die materialistisch begrenzte Naturauffassung hinausführen können.

Von den Vorstellungen, die durch die plastisch-architektonischen Kräfte künstlerisch belebt sind, gehen Wirkungen auch auf die unbewußt verlaufenden Lebensprozesse des Kindes aus. Nach dem Zahnwechsel beginnen die Organe des Rumpfes, die Lunge, das Herz, die Niere usw., wieder stärker zu wachsen. In der Pubertät wird dieses Wachstum wieder schwächer. Dieses Wachsen ist der Ausdruck eines inneren Geschehens. Wenn Lunge, Niere usw. wachsen, nehmen die Lebensprozesse des Atmens, des Ausscheidens usw. zu. Mit dem Zahnwechsel beginnt eine Zeit, in der sich vor allem die Lebensprozesse entwickeln. Auf die Formbildung folgt eine Phase der «Lebensentwicklung» (R. Steiner). Nach der individuellen Durchformung des physischen Leibes kommt nun die des Lebensleibes, der unter anderem in den Lebensprozessen und ihrem wechselseitigen Sich-Durchdringen tätig ist.

Die Entwicklung des Lebensleibes vollzieht sich in zwei recht verschiedenen Bereichen des kindlichen Wesens, im Bewußtsein und im Unterbewußten. Die plastisch-architektonischen Kräfte, die das Kind nach dem Zahnwechsel im Bewußtsein ergreifen und bestätigen kann, gehören ihrem Wesen nach auch zum Lebensleib. Sie waren lebendig bildend im physischen Leib des Kindes tätig und sind weiterhin mit der im Leibe des Kindes wirkenden übersinnlichen Lebensorganisation verwandt, auch wenn sie sich vom Leibe emanzipiert haben. Werden sie nun im inneren Gestalten und Nachgestalten von Formen betätigt, dann durchdringt sie das Kind mit den Kräften seines Ich. Das führt zu der künstlerischen Belebung der Vorstellungen. Diese Vorstellungen, die durch die plastisch-architektonischen Kräfte zu lebendigen, gestaltend tätigen Vorstellungen werden, sinken immer in die unbewußten Regionen des Menschenwesens hinunter; sie kommen in das Gebiet des Vergessens. Sie sind dort in jenem Gebiet, in dem die plastisch-architektonischen Kräfte vor dem Zahnwechsel gewirkt haben, d. h. im Gebiet der organischen Vorgänge. In diese Tiefen der kindlichen Organisation gehen die Wirkungen des Formenzeichnens und der lebendigen Formauffassung. Die künstlerische Belebung der Vorstellungen ist auch deshalb so wichtig, weil sie sich im Vergessen mit der sich in den Organen entwickelnden Lebensorganisation verbindet. Was in diesen lebendigen Vorstellungen in den wachsenden Leib des Kindes hinunterdringt, trägt dreierlei Wirkungen in sich: eine belebende Wirkung; diese ist durchdrungen vom Ich des Kindes, und sie ist durchströmt von den Gefühlen, mit denen sich das Kind im Erleben der Formen mit diesen verbunden hat. So wird die Lebensentwicklung durch die Vorstellungen belebt; und zugleich verbindet sich das Kind mit seiner fühlenden Seele und dem willenshaften Charakter seines Ich mit den wachsenden Organen seines Leibes.

Die Linie als selbständiges Ausdrucksmittel

Zu den frühesten Gestaltungsmitteln der bildenden Kunst gehört die Linie. Sie tritt uns zuerst als Schmuckelement, als magisches Zeichen und als Umrißlinie entgegen.[1] Betrachten wir eine frühe Felszeichnung der Höhlenmalerei, ein Tier, so scheint sich die Linie der Tierform entlang zu tasten, Kontur bildend, um sie für den Betrachter festzuhalten. Aus solchen Anfängen entwickelte sich die vorchristliche und auch die nachchristliche Malerei. Vergleichen wir die Felszeichnung mit einer Zeichnung aus einer späteren Epoche, beispielsweise mit einer von Albrecht Dürer. Was hat sich geändert? Jede Einzelheit ist durch die Linie nachgebildet, und die Plastik der Form tritt deutlicher hervor. Durch die Behandlung von Licht und Schatten wird die Gestalt tastbar. Jetzt erst, zu Beginn der Neuzeit, wird die äußere Wirklichkeit voll erfaßt. Die Schärfe des Sehens, mit der der Mensch sich der Welt gegenüberstellt, ist Ausdruck einer neuen Persönlichkeitskraft.

Im Fortgang der Geschichte stoßen wir in der Mitte des 19. Jahrhunderts auf eine Epoche, die sichtbar werden läßt, wie neue Kräfte aus dem Zeitenstrom heraufdrängen und sich Bahn brechen. Man sucht nach Ausdrucksmitteln, die jenseits des Räumlichen liegen. In der Malerei wird die Zentralperspektive aufgegeben (Cézanne), und die Farbe beginnt sich in der Fläche zu gestalten, ohne dreidimensionale Elemente. Im Übergang zum 20. Jahrhundert sehen wir im Jugendstil Bestrebungen, die sich von den leer gewordenen Formen des vorangehenden Jahrhunderts zu lösen beginnen. Es entwickelt sich, angeregt durch die ostasiatische Tuschmalerei, ein linear-ornamentaler Stil, in dem sich Wachstums- und Rankenformen aus dem pflanzlichen Bereich wiederfinden. Im weiteren Verlauf kennzeichnet das Schaffen der Künstler die Suche nach der Reinheit der Elemente. Wassily Kandinsky äußerte sich im «Blauen Reiter» über seine Erfahrungen mit der Form: «Wenn im Bild eine Linie von dem Ziel ein Ding zu bezeichnen, befreit wird und selbst als Ding fungiert, wird ihr innerer Klang durch keine Nebenrolle abgeschwächt und bekommt seine volle innere Kraft.»[2] Kandinsky komponiert mit dem gegensätzlichen Linienpaar der Geraden und der Krummen. Jedoch bleibt der veränderte Linienablauf für ihn noch bestimmt von den Kräften, die von links und rechts als Einflüsse von außen als Zug und Druck wirken.

Wird bei Kandinsky die Linie von der Funktion, ein Ding zu bezeichnen, befreit, so bleibt sie immer noch ein Äußeres, das von äußeren Gegebenheiten, wie Zug und Druck, beeinflußt wird, gleichgültig, ob es sich dabei um gerade oder gebogene Linien handelt. Neben Walter Gropius, Paul Klee und anderen Künstlern dieser Epoche, die auf dem Gebiet des Graphischen neue Wege suchten und in das Reich der Abstraktion eindrangen, hielt Rudolf Steiner zwischen 1914–1918 für die Mitarbeiter am Bau des ersten Goetheanum in Dornach Vorträge, in denen er über die neuen Bauformen, die Malerei, und über eine neue Linienkunst sprach. Ihm ging es darum, das Miterleben mit der Form aus innerer Aktivität wachzurufen. In dem Vortrag vom 28. Juni 1914[3] demonstriert er dies an der Form des Kreises. Man kann diese von

Roter Hirsch. Aus der Höhle von Font-de-Gaume.   Albrecht Dürer, Kopf eines Rehbocks.

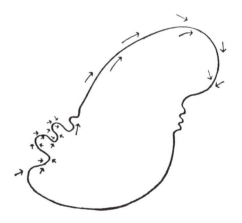

O. Eckmann, Der «Zornige Schwan».   Kandinsky, Variationsmöglichkeit der Gebogenen.

außen betrachten, man kann sie aber auch erfühlen und dabei erleben, wie sie Ausdruck wird der in sich beschlossenen Ichheit. Entsteht eine Wechselbeziehung zum Umkreis, so kann die in Wellen sich ausbuchtende Kreislinie den Eindruck hervorrufen, daß das Innere nach außen drängt, stärker ist als das Äußere. Bildet sich hingegen eine Zackenlinie, so entsteht das Gefühl, als ob sich von außen etwas in den Kreis hineinbohre, das Äußere siege. «Wenn wir dem bloßen Kreis gegenüberstehen, dann können wir das Gefühl haben, daß nur das sich im Kreise Abschließende da sei. Wenn wir den gegliederten Kreis betrachten, dann können wir nicht mehr das Gefühl haben, daß das, was durch den Kreis ausgedrückt ist, allein in der Welt ist. Die Gliederung der Kreislinie drückt aus einen Kampf, gewissermaßen eine Wechselbeziehung mit der Außenwelt...»

Das sich Hineinfühlen in die verschiedenen Formen, das Miterleben, das Sich-Identifizieren mit der Linie kennzeichnet den Ansatz, den Steiner zum Ausgangspunkt seiner graphischen Entwürfe macht und der auch für das Formenzeichnen, wie es in der Schule gepflegt werden soll, maßgebend ist.

Studienblatt: «Entwicklungsstufen einer Form», R. Steiner ▽

Rudolf Steiners Lehrplanangaben für das Formenzeichnen mit Beispielen aus der Unterrichtspraxis

Wenn mit dem Zahnwechsel die «Skulpturkräfte» (R. Steiner), die den Körper des Kindes ausplastiziert und architektonisch gestaltet haben, frei werden, entwickelt sich in ihm daraus eine neue Fähigkeit, die seelisch Erlebtes in Bildgestaltung umzuwandeln vermag (vgl. hierzu das Kapitel «Die Kräfte leiblicher Formbildung und ihre Umwandlung in die Fähigkeit, Formen zu gestalten und zu erleben»). Das Kind ist schulreif geworden. Nun kann mit der Einführung in das Schreib-Lesen begonnen werden. In der Waldorfschulpädagogik spielt dabei das künstlerische Element eine besondere Rolle. R. Steiner fügte 1919 dem Lehrplan ein Fach ein, das besonders geeignet ist, den Schreibunterricht vorzubereiten: das Formenzeichnen. Der Umgang mit der Linie, die nichts Gegenständliches abbildet, sondern als Spur eines Bewegungsablaufes Formen entstehen läßt, ist ein pädagogisches Mittel, das dem Bewegungsdrang des Kindes, das vom Spielalter in das Lernalter hineinwächst, entgegenkommt. Seine Willenskräfte werden angesprochen und gelenkt, sein Formempfinden kann sich durch das wiederholentliche Üben entwickeln, und in seine Vorstellungswelt nimmt es Formbilder auf, die es erfahren, erfühlt hat.

Beispielhaft für den Anfang und das methodische Vorgehen auf diesem Gebiet ist die erste Schulstunde, wie sie von R. Steiner im vierten Vortrag des «Methodisch-Didaktischen»[1] geschildert wird. Hier wird das Linienpaar der Geraden und der Gebogenen erstmalig den Kindern vorgestellt. Es ist das Urpaar, aus dem sich immer neue Variationen entwickeln lassen. Die meisten Schulneulinge sind mit dem Linienelement vertraut, denn sie haben im Kindergarten oder zu Hause ihre Bilder damit ausgefüllt. Welche Qualitäten sich in einer geraden oder gebogenen Linie aussprechen, erfahren sie erst durch den Unterricht. In einem vorausgehenden Gespräch wird ihnen verdeutlicht, warum sie in die Schule gekommen sind. Man spricht mit ihnen über das, was die Eltern und andere Erwachsene können, z. B. Briefe schreiben, Bücher lesen usw., was sie selbst erst lernen müssen. Sie werden aufgefordert, ihre eigenen Hände zu betrachten, und hören, daß diese dazu da sind, etwas damit zu tun. Anschließend geht der Lehrer zum Zeichnen über. Mit der Kreide zieht er langsam eine Linie. An der Tafel erscheint die Senkrechte. Sie wird zum eindrucksvollen Bild. Zielgerichtet, unverrückbar, weicht sie weder nach links, noch nach rechts ab. Was in der frühen Kindheit von jedem geübt werden mußte, das sich Aufrichten, sich in die Senkrechte begeben, dringt nun in den Vorstellungsbereich ein, wird zum sinnlich-sittlichen Erlebnis und ergreift das seelische Gefüge der Kinder. Danach werden sie einzeln aufgerufen, um an der Tafel auch solche Linien zu zeichnen. Es entsteht dann für den Lehrer ein vielfältiges Bild. Keine Gerade gleicht der anderen. Die eine ist kurz und dick, ist kraftvoll hingezeichnet, die andere dünn und zart, eine dritte schräg, nur zaghaft gezogen, usw. Jedes Kind offenbart dabei etwas von sich selbst, was für die beginnende pädagogische Arbeit des Lehrers wichtig ist. Wenn alle Schulanfänger ihren Strich gemacht haben, wird der Vorgang in derselben Abfolge noch einmal mit der gebogenen Linie wiederholt. Hierbei stellt sich eine neue Erfahrung ein: Beim Ausgangspunkt weiß man nicht, wo man am Ende hinkommt, da bei der Gebogenen ständig die Richtung wechselt. Außerdem scheidet sie nicht nur die linke von der rechten Seite, sondern bildet auch einen Innen- und einen Außenraum. Abschließend wird das Linienpaar mit den Schülern noch einmal betrachtet. Erst jetzt erfolgt dabei die Benennung: Das eine ist eine gerade, das andere eine gebogene Linie. Das Wort des Lehrers stimmt mit der Erscheinung überein. Hier beginnt die Pädagogik des zweiten Jahrsiebts.

Über die beiden Urgestalten der Formensprache finden wir schon bei den griechischen Philosophen bedeutsame Äußerungen. So schreibt z. B. der Neuplatoniker Proklus: «Auch die Seele trägt das Gerade und das Runde von jeher wesenhaft in sich, damit sie alles Unbegrenzte und alles Begrenzte in der Welt lenke und leite, durch das Gerade allen Ausgang und durch das Runde alle Wiederkehr bewirke.»[2]

Die Epoche des zeichnerischen Übens, die das Schreiben vorbereitet, beginnt nach diesem Auftakt und erstreckt sich über einen Zeitraum von etwa vier bis sechs Wochen. Im Wechsel von geraden und gebogenen Linien, die in verschiedenen Größen und Abwandlungen variiert werden, lassen sich allmählich die für das erste Schuljahr wichtigen Grundformen entwickeln.[3] Die freigewordenen Bildekräfte, die vorher leibgestaltend tätig waren, finden ein neues Tätigkeitsfeld. Der zeichnende Schüler lernt die Formensprache der Welt erfühlen, sein Auge erwacht dabei für deren Unterschiede.

An der Wandtafel ▷

Der Umgang mit der Geraden

In Anknüpfung an die ersten Schulstunden, in der die Gerade und die Gebogene eingeführt worden sind, ergibt sich ein Übungsweg, der nun dargestellt werden soll.

Im Verlauf der Zeichenepoche werden die Aufgaben einmal mehr mit der geraden, einmal mehr mit der gebogenen Linie durchgeführt. Was an Klarheit und innerer Richtkraft von der Geraden ausgeht, wird durch das dynamisch-beschwingte Element der Gebogenen ergänzt. Der unterschiedliche Charakter der beiden fordert im Umgang damit den Wechsel, um einseitige Auswirkungen auszugleichen. Zur Verdeutlichung der Art, wie man vorgehen kann, folgen zunächst Beispiele, die an die Senkrechte anknüpfen, später andere, die an den Halbbogen anschließen.

Es ist sinnvoll, die Kinder in Erinnerung an die Einführung am Vortag zunächst mit Wachsmalkreide auf Papier wiederholen zu lassen, was sie schon mit Kreide an der Tafel ausprobiert haben: Die Gerade und die Gebogene, die man nebeneinander zeichnen läßt. Danach folgen Variationen mit verschiedenen Gruppen davon, zuerst drei, dann vier, fünf usw. Eine neue Aufgabe führt zur Verkürzung der Länge, es ergibt sich ein Stufenbild, wie bei den Orgelpfeifen. Eine Übung, die geeignet ist, das Handgelenk immer wieder zu entspannen, ist die Folge von Längen und Kürzen im Wechsel. Der Arm des Kindes und seine Finger müssen sich in einer bestimmten Weise beim Zeichnen bewegen, wodurch es geschickt wird, d. h. eine Geschicklichkeit ausbildet, die, wie R. Steiner es formuliert, auf die Welt hingeordnet ist, und die später dem Schreiben zugute kommt. Gleichzeitig kommt dadurch das Ich dazu, aus der Gliederbewegung, aus der Geschicklichkeit den Intellekt zu entwickeln.[4]

Von der Senkrechten kommen wir zur Waagrechten. Auch sie wird zuerst an die Tafel gezeichnet. Die Schüler empfinden den Unterschied gegenüber der Senkrechten. Sie dehnt sich in die Weite. Die Empfindung der Weite stellt sich ein, wenn der Mensch die Arme in die Waagrechte nach beiden Seiten ausstreckt, oder wenn der Blick auf die Horizontlinie einer Landschaft fällt. Beim Zeichnen der Waagrechten ist es nicht gleichgültig, von welcher Seite her man anfängt. Da die Schreibrichtung von links nach rechts geht, sollte die Waagrechte von links nach rechts gezogen werden. Beginnt man von der rechten Seite aus, so verdeckt die Hand das Linienbild. Auch im Anschluß an diese ganz andersartige Gerade ergeben sich neue Übungsmöglichkeiten.

Mehrere Waagrechte mit gleicher Länge übereinander, Waagrechte, nach links und rechts sich ausweitend, dann solche, die auf der rechten Seite abnehmen und umgekehrt, schließlich Waagrechte, die zunehmen und wieder abnehmen usw.

Eine letzte Variante des Umgangs mit der Geraden ist die Schräge oder Diagonale. Am besten beginnt man von der rechten Seite aus, von oben, und zieht sie nach der linken Ecke des Blattes, nach unten. Schon bei der Einführung an der Tafel werden die Kinder erleben, wie diese Linie eine ganz neue Empfindung auslöst: Sie kommt wie der Sonnenstrahl von weit her und geht wie dieser in die unfaßbare Tiefe. Man tut gut daran, zunächst einmal nur in der begonnenen Richtung üben zu lassen, entweder mit gleichmäßig langen Schrägen hintereinander, oder in Dreiergruppen, mit absteigender Richtung. Verbindet man zwei dieser Diagonalen mit einer dritten,

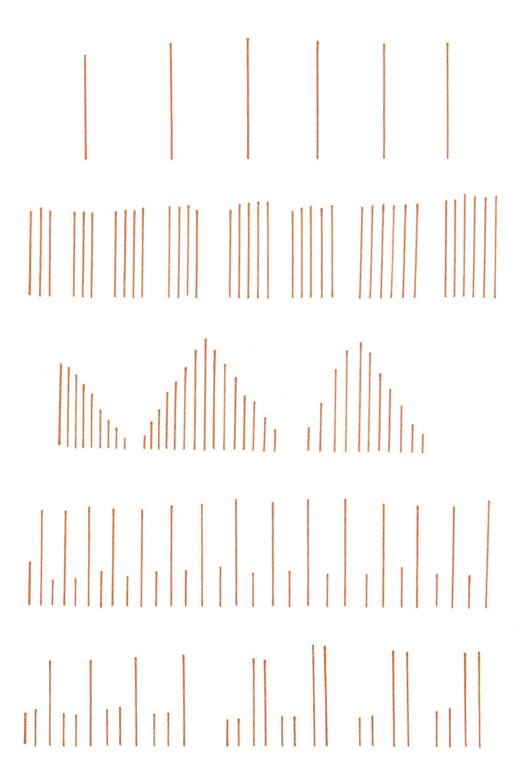

Übungen mit der Senkrechten 39

aufsteigenden, so führt das zur nächsten Übung, in der sich die von rechts oben kommende mit einer von links kommenden kreuzt. Ein anderes Bild ergibt sich, wenn die von rechts kommende von zwei links kommenden gekreuzt wird, oder auch zwei von rechts durch zwei von links kommende mit einem bestimmten Abstand sich überschneiden, usw.

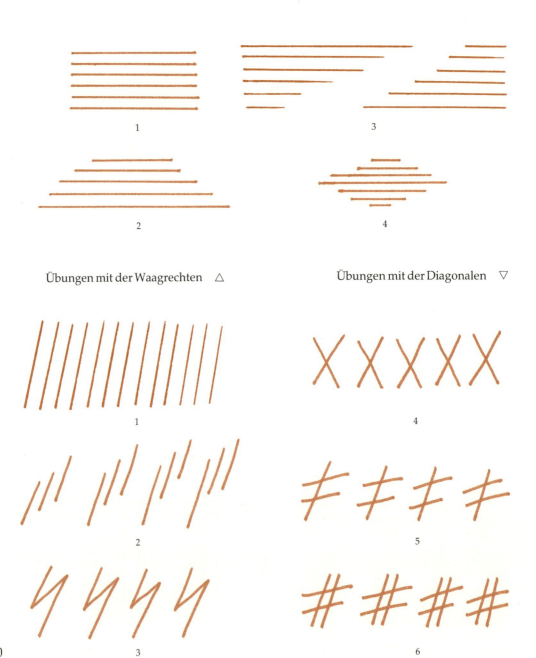

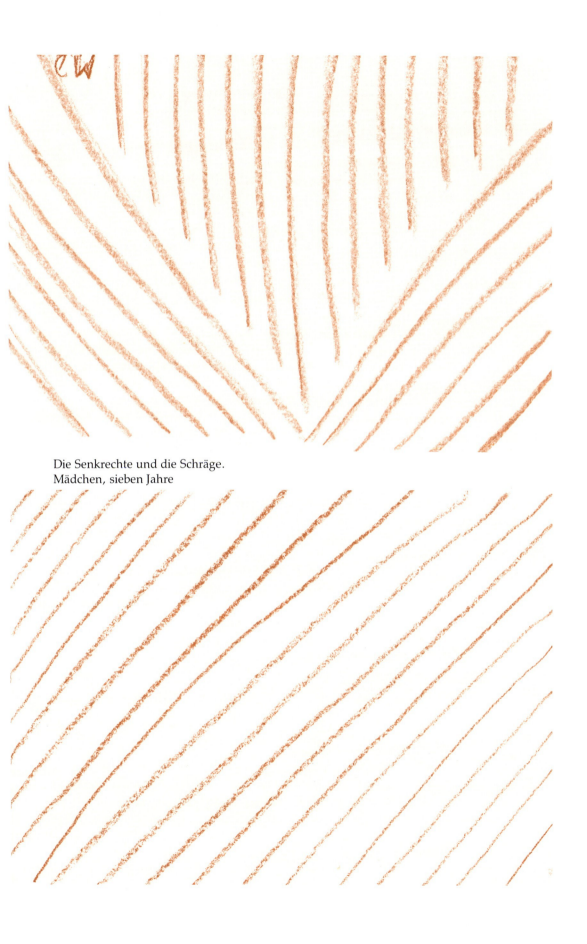

Die Senkrechte und die Schräge.
Mädchen, sieben Jahre

Die Winkel

Der Umgang mit den verschiedenen Geraden führt folgerichtig zur Winkelbildung. Zieht man eine Senkrechte und durchkreuzt man sie mit einer Waagrechten und zwei Diagonalen (eine von rechts und eine von links), so ergibt sich eine Sternfigur mit spitzen, stumpfen und rechten Winkeln. Der rechte Winkel ist der ausgewogenste, er steht zwischen den spitzen und stumpfen in der Mitte. In der Welt des Irdischen bildet der rechte Winkel überall da, wo gebaut wird, die wichtigste Voraussetzung für die Festigkeit und Sicherheit. In der Begegnung der Senkrechten und der Waagrechten kommen gegensätzliche Elemente zum Ausgleich.

Für das Üben kann man so vorgehen, daß man aus der Sternform ein Winkelpaar herausgreift, beispielsweise das rechte, das in einer Bewegungsrichtung von links nach rechts durchgezogen wird: der obere auf der rechten und der untere auf der linken Seite. Bei dem anderen rechten Winkelpaar ist jeweils die Gegenbewegung – einmal oben, einmal unten, von links nach rechts zu machen. Hierbei ist es für die Kinder nicht so leicht, bei der Gegenbewegung die Gerade einzuhalten. Zieht man alle Winkel in einem Zuge durch, so erlebt man die Linie als Bewegung mit Richtungswechsel. Unterbricht man jeweils den Strich am Eckpunkt und führt man den zweiten Strich auf diesen zu, hat man den Eindruck einer Flächenbegrenzung. Sind verschiedene Richtungen ausprobiert worden, so läßt sich die Übung in der Kreuzform zusammenfassen. Indem zuerst jeweils zwei Winkel diagonal oben und unten eingezeichnet werden, einmal von links beginnend, dann von rechts ergänzt, entsteht zuletzt das vierseitige Gesamtbild. Eine weitere Variante ergibt sich durch die sich kreuzenden Linien in diagonaler Richtung, die, wiederum mit vier Winkeln versehen, zu einem neuen Bilde führen, in dem das Dynamische vorherrscht. Läßt man dann die Kinder einmal Winkelreihen zeichnen, z. B. spitzzulaufende, mit zunehmender Höhe, oder stumpfe, mit abnehmender Höhe, so erfahren sie, wie man bei den spitzzulaufenden sich der Senkrechten wieder nähert, bei den stumpfen der Waagrechten. Schließlich kommt man zu Überschneidungen, die zur Dreieckbildung oder zum Fünfstern überleiten. Für das Erleben ist es nicht gleichgültig, ob der Winkel sich nach außen öffnet oder ob die Spitze nach außen zeigt. Der offene nimmt etwas auf, der geschlossene schirmt ab. Bäume z. B. verraten etwas von ihrer Eigenart durch die Winkelöffnung ihrer Äste und Zweige, die sie dem Licht entgegenstrecken. Die abschirmende Winkelform findet sich bei den Wohnstätten des Menschen: Das Dach schützt ihn vor Wind und Wetter. Steigt es steil an, wie beim Kirchturm, wird der Betrachter in die Höhe geführt. Breitet es sich aus, wie beispielsweise bei alten Bauernhäusern, kommt man der Erde näher.

Dreieck, Viereck, Sechsstern

Das Dreieck entsteht als eine in sich geschlossene Flächenform. Es kann jetzt in all seinen verschiedenen Erscheinungen gezeichnet werden. Führt man zwei Dreiecke mit einer gleichlangen Seite zusammen, so bildet sich ein Viereck, beispielsweise eine

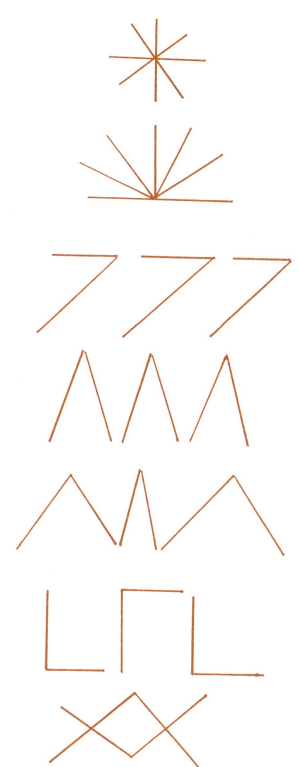

Verschiedene Winkel

Sternform.
Mädchen, sieben Jahre △

Spitze Winkel.
Junge, sieben Jahre ▽

Dreiecke, Fünfstern, Sechsstern, Fünfeck, Sechseck

Raute, ein auf der Spitze stehendes Quadrat, ein auf der Waagrechten ruhendes usw. Gerade die zuletzt genannte Viereckform – die regelmäßigste von allen – verdeutlicht dem Schüler noch einmal, was er schon am rechten Winkel erlebt hat. Kehrt man wieder zu der Dreiecksform zurück, so wird durch das Übereinanderschieben zweier Dreiecke eine neue Sternform daraus. Bei einer ersten Zeichnung läßt man die zwei gewählten gleichgroßen Dreiecke sich nur durch die Basislinie berühren. Bei der zweiten wird das obere etwas über das untere geschoben oder umgekehrt. Der dabei entstehende Stern ist noch unbefriedigend. Erst die dritte Zeichnung vermittelt das harmonische Bild des Sechssterns. Was von oben herunterstrahlt, wird von unten aufgenommen. Beide Seiten durchdringen sich und bilden im Inneren ein Sechseck. Bei einer nächsten Übung werden die Verbindungslinien auch im äußeren Umkreis von Spitze zu Spitze gezogen. Ist das äußere Sechseck aufgebaut, kann es als eigene Form ohne Sechsstern gezeichnet werden, wodurch das Bild der Bienenwabe entsteht. Dieses schrittweise Vorgehen erleichtert das Finden der richtigen Proportionen. Gerade bei der zweiten Figur wird man aufmerksam durch den eigentümlichen Eindruck, den sie hinterläßt, und die Folge davon ist, daß danach die sich überschneidenden Dreiecke mit mehr Bewußtsein, mit mehr Gefühl für die richtigen Abstände gezeichnet werden, so daß ein schöner Stern entstehen kann.

Ist man im Laufe der verschiedenen Zeichenübungen hier angelangt und hat man von der Geraden ausgehend zuerst verschiedene Winkel, dann geschlossene Flächenformen wie Dreiecke, Vierecke, Fünfeck- und Sechseckformen durchgenommen, so ist ein erster Abschluß erreicht.

Es folgt nun die Entwicklungsreihe, die von der gebogenen Linie ausgeht.

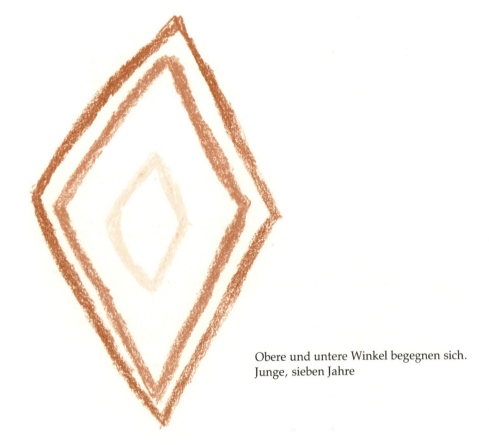

Obere und untere Winkel begegnen sich.
Junge, sieben Jahre

Sechsstern.
Mädchen, sieben Jahre

Die gebogene Linie

Auch für die gebogene Linie gilt, was im Hinblick auf die Gerade in einer bestimmten Beziehung bereits ausgeführt worden ist: Die große Form, die zuerst an der Tafel stand, ist bestimmend für die neuen Übungen auf dem Papier. Vielleicht läßt man zunächst nur zwei oder drei große Linien in schönem Abstand nebeneinander zeichnen. Bei einer nächsten Aufgabe ergeben sich neue Eindrücke, wenn die Richtung geändert wird. Öffnet sich die Gebogene von links nach rechts, in der Schreibrichtung, so scheint sie gegenüber dem, was auf sie zukommt, aufnahmebereit. Zeichnet man sie in der umgekehrten Richtung, von rechts nach links, schirmt sie sich gegenüber jenem Strom, der auf sie zufließt, ab, sie schaut gleichsam zurück. Die schalenförmige Öffnung nach oben bringt die Bereitschaft des Empfangens zum Ausdruck. Wendet sich der Bogen nach unten, verschließt er sich gegenüber der Höhe. Der schrittweise Übergang vom großen Bogen zum kleinen bringt Neues, auch für die Hand. Die große Bewegung, an der der Unterarm noch beteiligt ist, geht über auf die des Handgelenks, schließlich auf die feinere der Finger. Es lassen sich dann Bogenreihen, große und kleine im Wechsel, sich überschneidend, in verschiedenen Gruppen und Anordnungen als weitere Zeichenübung anschließen. Ein Ansatzpunkt anderer Art ergibt sich, wenn man die gebogene Linie, die bisher nur einen Halbkreis umschrieb, an einer Stelle unten oder oben etwas weiterführt, dann nach innen zieht oder den Anfang einer Spirale zeichnen läßt, schließlich die sich entwickelnde Spirale selbst.

Hier kann wieder mit einer großen Form begonnen werden. Dabei verlangsamt sich die Motorik der Hand vom Unterarm bis in die Fingerspitzen.

Der Lehrer hilft beim Herumgehen in der Klasse, denn es gibt manche Linie zu glätten, wenn die Form in Stößen und ohne Schmiegsamkeit gezeichnet wurde. Auch die allzu flüchtigen Linien müssen sorgfältiger nachgezogen beziehungsweise noch einmal wiederholt werden usw. Das reiche Anschauungsmaterial, das jedesmal beim Üben entsteht, zeigt, wo Hemmnisse zu überwinden, wo Formkräfte des Kindes noch leibgebunden sind, wo eine besondere Begabung zur Form mitgebracht wurde usw. Wird das Wahrgenommene mitverarbeitet, so hilft es im Fortgang des Unterrichtes die Wege finden, die weiterhelfen, fördern und Neues hervorbringen.

An die erste Spiralübung schließt sich eine zweite an: Die sich auswickelnde Spirale. Diese Aufgabe, die vom Zentrum in den Umkreis führt, ist für die Kinder schwerer zu zeichnen. Etwa nach dem dritten Bogen müssen die größer werdenden Schwünge sich ausweiten. Aufmerksam soll das Auge die dabei langsamere Bewegung der Hand begleiten. Indem der Zeichnende wieder hinausgelangt, erlebt er das Gefühl der Befreiung, des Sichausweitens. Zuletzt können beide Spiralen in einer Form zusammengebracht werden: Die eine Spirale führt das Kind hinein, es kommt zu sich, die andere führt es wiederum zurück zur Welt.

Die folgenden Bilder sind ein Beispiel dafür, wie unterschiedlich die Ergebnisse ausfallen. Bei jeder Zeichnung spricht sich der Reifegrad aus, der durch die Wachstumsverhältnisse bedingt ist, d. h. es wird sichtbar, ob die Bildekräfte noch leibgebunden, sich teilweise oder ganz befreit haben.

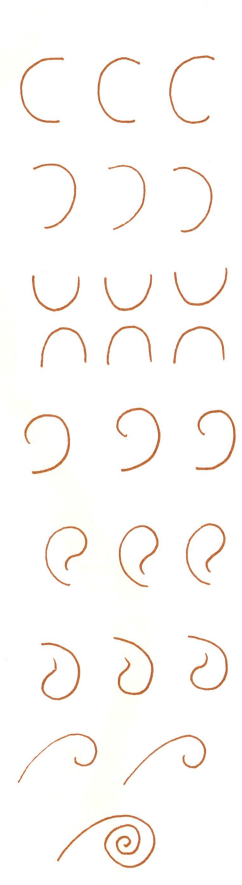

Übungen mit
der Gebogenen

50 Mädchen, sieben Jahre (Einwickelnde Spirale)

Mädchen, sieben Jahre (Auswickelnde Spirale)

Mädchen, sechseinhalb Jahre; der Zahnwechsel hat noch nicht eingesetzt. △
Mädchen, sieben Jahre; Zahnwechsel hat begonnen. ▽

Junge, sieben Jahre; Zahnwechsel hat begonnen. △
Einwickelnde und auswickelnde Spirale, Mädchen, siebeneinhalb Jahre. ▽

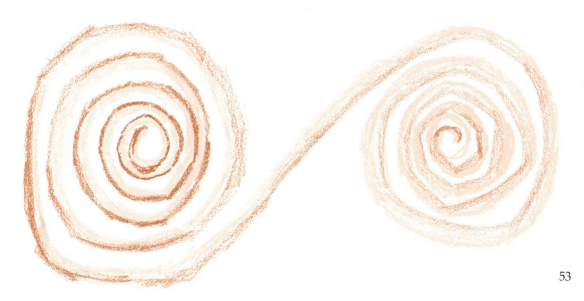

Kreis und Ellipse

Kreis und Ellipse gehören mit zu den Grundformen, die im ersten Schuljahr geübt werden sollten. Das Kind erlebt in dieser Zeit Kreisformen bei den verschiedensten Anlässen: In der Euryhtmie, bei Reigen und Kreisspielen, im Freien, bei Ausflügen. Nehmen wir an, es ist nach der Rast bei einer Wanderung der Wunsch entstanden, «Faul Ei» zu spielen. Alle stehen im Kreise, ein Kind rennt außen herum mit dem Taschentuch und läßt dieses hinter einem anderen fallen. Ist der Kreis zu Ende gelaufen, ohne daß der Betroffene es bemerkt hat, muß er sich in die Mitte stellen und warten, bis der nächste ihn ablöst. So können viele Kinder während des Spiels von der Mitte aus den Kreis wahrnehmen, während die anderen, die drum herum stehen, sich das Verhältnis von Umkreis zur Mitte einprägen. Am nächsten Tag kann man beispielsweise an das im Spiel Erlebte wieder anschließen. Indem man einen Punkt an die Tafel zeichnet und von einem Kreis umlaufen läßt, erinnert das Kind sich an das Geschehen vom Vortag. Gleichzeitig wird ihm dabei bewußt, daß nur eine schöne Kreisrundung entsteht, wenn der Abstand vom Mittelpunkt zur Außenlinie gleichmäßig ist.[5] Nun geht man zum Zeichnen über. Ein lockeres Kreisschwingen, zuerst mit der Hand über dem Papier, bildet den Übergang zum Tun mit der Kreide. Um Unebenheiten auszugleichen, empfiehlt sich ein mehrfaches Wiederholen der Kreislinie. So entsteht im Abtasten allmählich ein schönes Rund. Das Kind bekommt eine Empfindung für die Kreisbiegung. Bleibt die Aufmerksamkeit dabei auf den Mittelpunkt gerichtet – besser den Mittelraum, denn den Punkt läßt man nicht einzeichnen – erfährt es, wie die Kreislinie eine Fläche umgrenzt und abschließt, wie ein Innenraum entsteht. Von da aus schließen sich andere Übungen an. Vom Zeichnen großer Kreise wechselt man zu kleineren über, zeichnet sie nebeneinander, ineinander usw. Eine nächste Abwandlung führt zur Tropfen- oder Birnenform, schließlich zur Ellipse. Man kann jetzt so vorgehen, daß man noch einmal die Kreisform wiederholen läßt und die Kinder veranlaßt, im Weiterzeichnen die Linien innerhalb des Kreises links und rechts etwas mehr nach innen zu führen, so daß das Kreisrund nur noch oben und unten berührt wird. Dabei bilden sich schalenartige Abschnitte,

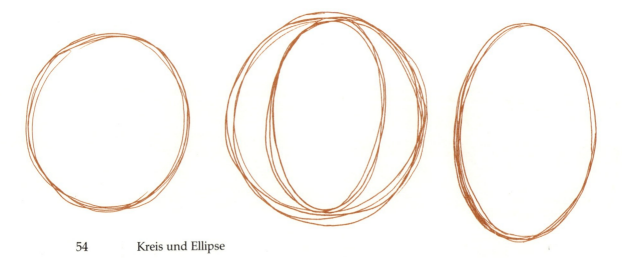

Kreisform. Mädchen, sieben Jahre

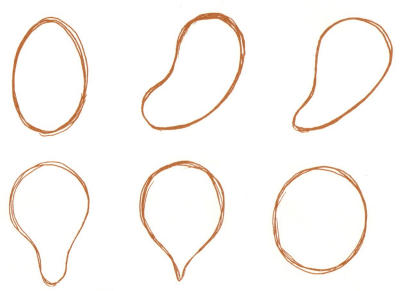

Abwandlungen der Kreis- und Ellipsenformen △

Kreis und Ellipse.
Mädchen, sieben Jahre ▽

56

Ellipse.
Mädchen, acht Jahre ▷

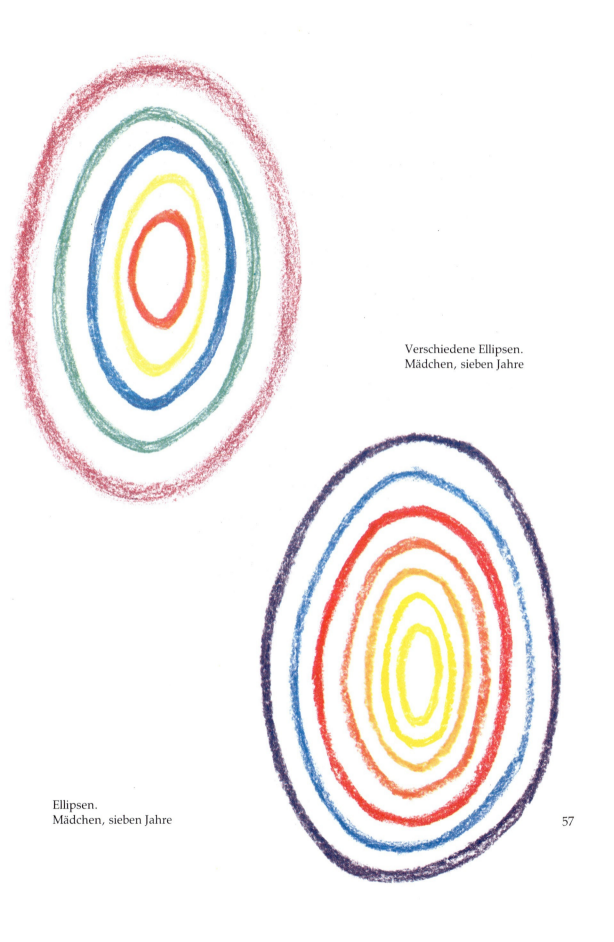

Verschiedene Ellipsen.
Mädchen, sieben Jahre

Ellipsen.
Mädchen, sieben Jahre

wodurch die Ellipse in Erscheinung tritt. Wie das Ei im Nest, so erscheint die Ovalform der Ellipse im Rund des Kreises. Ist sie gefunden, kann man bei der nächsten Übung die Umhüllung weglassen, wobei ihre Gestalt noch schöner hervortritt. Im Gegensatz zum Kreis, der nur in verschiedenen Größen sein Erscheinungsbild wandeln kann, vermag die Ellipse, in verschiedene Lagen gebracht, immer wieder neue Eindrücke zu vermitteln. Sie ist als Form individueller. In der geschmeidigen, schlankeren Rundform überwiegt die Streckung, wenn sie senkrecht steht; die Horizontale, wenn sie in der Waagrechten erscheint die Diagonale, wenn sie schräg steht. Im Bereich der Architektur taucht sie erst auf, nachdem sich die Geburt der Individualität in der Renaissance vollzogen hat, besonders im italienischen Frühbarock, dann zunehmend in den Grundrissen der Kirchenbauten im Spätbarock.

Im zweiten Lehrplanvortrag knüpft R. Steiner an die beiden Formen – Kreis und Ellipse – wieder an. Sie bilden die Grundlage für Übungen in der siebenten Klasse, wenn man im Zeichnen das Gebiet der Körperdurchdringungen behandelt. Der Schüler soll in diesem Alter an einigen Beispielen lernen, was für Schnittflächen entstehen, wenn beispielsweise ein Zylinder von einem Pfosten durchdrungen wird, oder wie die Schnittfläche aussieht, wenn eine Ofenröhre senkrecht oder schräg durch die Decke dringt usw. Hierbei zeigt sich im ersten Falle die Kreisform, im zweiten die Ellipsenform. Das Formgefühl, das im ersten Schuljahr an der reinen Liniensprache geweckt wurde, wird jetzt zur Brücke, hin zu den Erscheinungen der leblosen Gegenstände, indem es die Dreizehnjährigen an die Gesetzmäßigkeiten des Räumlichen heranführt.

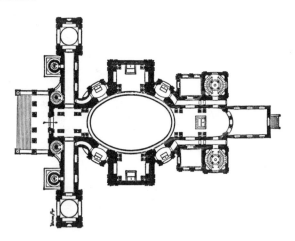

Wien. Karlskirche v. J. B. F. v. Erlach. Grundriß (1726)

Schleife und Lemniskate

Eine Fülle von Möglichkeiten eröffnet sich, wenn man, von der Ellipse ausgehend, den Übergang zu sich auflösenden, beschwingteren Formen sucht. In das Oval der Ellipse läßt sich z. B., diese aufgliedernd, das geschwungene S von oben nach unten zeichnen. Als nächstes führt der geschwungene S-Bogen in der Gegenrichtung von

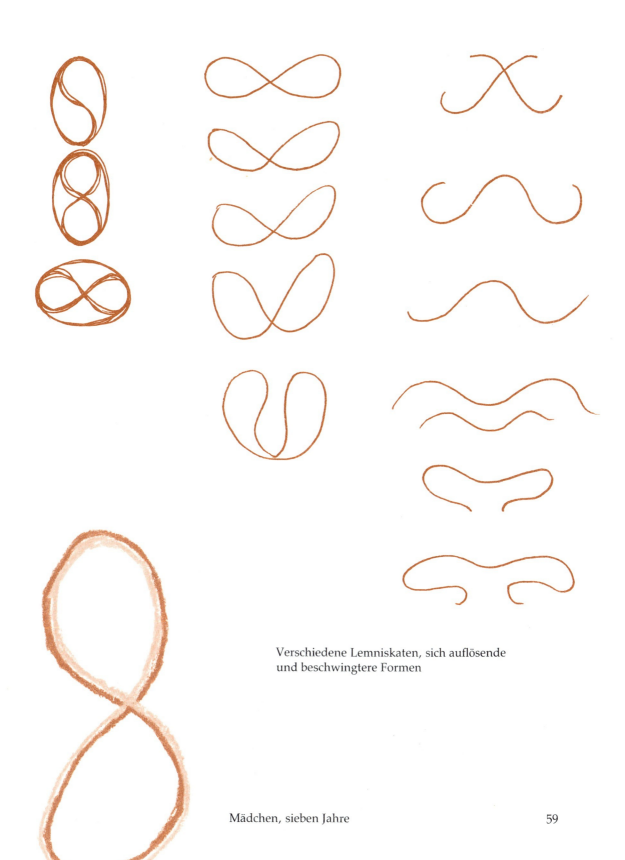

Verschiedene Lemniskaten, sich auflösende
und beschwingtere Formen

Mädchen, sieben Jahre

unten nach oben: Es entsteht die Lemniskate, die Acht. Eine Variation zu dieser Übung ergibt sich, wenn man von der Horizontalen ausgeht. Von da aus kann eine nach oben gebogene Acht ohne Ellipsenform gezeichnet werden, die sogenannte harmonische Acht, eine Form, die auch im Eurythmieunterricht vorkommt. Freie Schleifen, obere und untere Teile einer Achterform, mehr an die Kreisform sich anschließende Schleifenbildungen, die in verschiedener Anzahl nach innen oder außen schauen, sich einfügen, erweitern den Aufgabenbereich. Dann läßt man die Bögen auseinanderstreben, vom Mittelpunkt aus nach rechts und links, man wendet die dabei entstehenden Wellenlinien, deren Enden sich zunächst noch einbiegen, einmal nach oben, einmal nach unten, wobei sich das Element der Weite, des freien Schwingens belebend auswirkt.

Im Anschluß an das bisher Geschilderte kann zusammenfassend gesagt werden: Aus der Geraden und der Gebogenen ist ein Kanon der Grundformen entstanden. Es wird auf die Länge der Epoche ankommen, ob man beispielsweise schon zum Sechsstern oder zur Lemniskaten- und Schleifenbildung führt. Es wird auch davon abhängen, welche Erfahrungen man im Unterricht mit den Schülern macht. In jedem Falle soll im Laufe des Schuljahres, entweder in einer nächsten Epoche oder in regelmäßigen Abständen – einmal in der Woche – weiter an den Grundformen geübt werden. Dient der Anfang des Formenzeichnens der Vorbereitung des Schreibens, so geht es später darum, den Formensinn des Kindes im Hinblick auf das ästhetische Empfinden weiter zu schulen. Plato sah in den einfachen geometrischen Formen (Gerade, Kreis usw.) Schönheit an sich, weil er in diesen Elementen Urformen des Seins erkannte, Strukturelemente der Wirklichkeit. (Im «Timaios» dienen sie zum Aufbau der Welt.)

Mädchen, acht Jahre

Junge, sieben Jahre

Vom Formenzeichnen zum Schreiben

Beginnt nun das Schreiben, so werden aus den mittlerweile bekannten Formen einzelne Buchstaben entwickelt, z. B. aus der Wellenlinie das W, aus der Zickzacklinie das Z. Jeder Buchstabe wird zum Zeichen für eine Lautgestalt, das Tönende erscheint im Gewande des Sichtbaren.[6] Hierbei darf der Faden, der von der gezeichneten Form zum geschriebenen Buchstaben führt, nicht abreißen. Das Kind soll sie noch spüren. Ohne Erlebnis der Vertikalen und des Bogens sollte es kein P schreiben lernen. Durch die gefühlsmäßige Anschauungsweise wird das Abstrakte, das Weltfremde des Schreibens überwunden.

Unterstützt werden kann dieses Bemühen durch die Eurythmie. Sie wurde von R. Steiner zusammen mit dem Formenzeichnen als neues Lehrfach dem Schulunterricht eingefügt. In Fachstunden, ein- bis zweimal wöchentlich, wird sie von einer Eurythmistin unterrichtet. Aus dem Lehrplan für dieses Fach geht hervor, daß sich immer wieder Berührungspunkte zum Formenzeichnen ergeben. Wird beispielsweise in der ersten Klasse die gerade und die gebogene Linie geübt, so werden in der Eurythmie einfache geometrische Formen nach musikalischen Motiven gelaufen. Indem sich das Kind im Raume bewegt, erfährt es diesen mit dem ganzen Körper. Dies hilft dem Klassenlehrer bei seiner Arbeit, wenn er versucht, die Erstkläßler dazu anzuleiten, die Kreide nicht nur über das Blatt hinfahren zu lassen, sondern die Linien beim Zeichnen mit dem Gefühl zu begleiten.[7]

Von der Wellenlinie zum Buchstaben

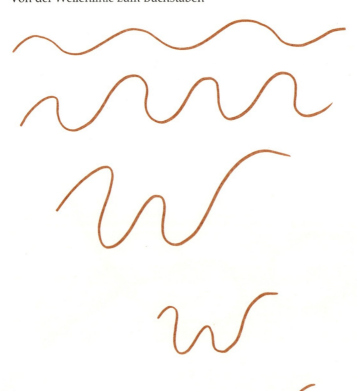

Junge, sieben Jahre
Junge, sieben Jahre (siehe Anm. 7)

Diejenigen Formen, die wir mit den Kindern der Eingangsstufe pflegen und die der Mensch aus seiner eigenen Natur heraus bildet, findet er in der äußeren Welt wieder. Ein erster Schritt auf diesem Wege ist das Hinführen zu den Buchstaben, zur Schrift. Erst wenn das neunte Lebensjahr überschritten ist, kann dasjenige, was an den freien Formen gepflegt worden ist, dazu benutzt werden, Gegenständliches nachzuahmen, ohne daß das Kind Schaden nimmt. R. Steiner gab innerhalb der Lehrplanvorträge[8] dafür ein Beispiel und knüpfte an die Erfahrung des Winkelzeichnens an. Er machte dabei deutlich, wie man jetzt den Schülern einer vierten Klasse solche Formen an Gegenständen zeigen könne, z. B. an einem Stuhl. Beginnt man zu früh mit dem Nachahmen äußerer Dinge, ohne vorausgehende Pflege des Formensinns, so bindet man die schöpferischen Kräfte an die materiellen Erscheinungen in einem Alter, in dem das Kind diese noch nicht voll zu erfassen vermag. Dadurch verschließt sich später der Zugang zu den gestaltbildenden Kräften in den Naturerscheinungen. Hält man damit zurück, beginnt man damit erst, wenn in der Mittelstufe in den naturkundlichen Fächern Tiere, Pflanzen und Mineralien behandelt werden, so wird das Zeichnen z. B. einer Maus oder eines Löwenzahns zu einem Mittel, das Wesenhafte einer solchen Erscheinung durch die zeichnende Hand zu erfahren. Dadurch verbindet sich der Schüler intensiver damit; er erlebt das Gemeinsame zwischen sich und der Welt.[9]

Symmetrieübungen

Zeichnungen, die, angeregt durch eine Erzählung oder ein bestimmtes Naturerlebnis, spontan entstehen, verraten manches über die Eigenart eines Kindes. Auch kann man durch sie Aufschluß über seine Entwicklungsstufe bekommen, da ihre Formensprache, die Art der Raumaufteilung und anderes mit dem Freiwerden der gestaltbildenden Lebenskräfte zusammenhängt. So häufen sich darin z. B. gegen das achte Lebensjahr hin die symmetrischen Elemente und Anordnungen. Das nebenstehende Beispiel – eine Tulpe – verdeutlicht dies. Sie zeigt zwei rote Kelchblätter, die nach links und rechts auseinandergehen, darunter zwei grüne, die deren Bewegung begleiten. Jede Symmetrie setzt eine Mitte voraus. Indem das Kind in den ersten Jahren seines Lebens sich aufzurichten beginnt und in die Senkrechte strebt, lernt es das Gleichgewicht zu halten. Mit jedem Schritt, den es tut, muß es immer wieder neu hergestellt werden. Später, beim Spiel, beim Spazierengehen, liebt es das Balancieren, um auszuprobieren, wie lange es sich etwa auf dem liegenden Baumstamm im Wald halten kann. Was vor dem Zahnwechsel in den leiblichen Funktionen durch das Gleichgewicht in der architektonischen Gestaltung gewirkt hat, löst sich danach aus dieser Gebundenheit und wird im Seelischen wirksam. Als Folge davon hat das Kind nicht mehr bloß ein Gefühl für einzelne Gesten oder einzelne Linien, sondern für das «Zusammenstimmen», für das Symmetrische.[10]

Auf das Prinzip der Symmetrie wies R. Steiner erstmalig in Ilkley[11] hin. Auch im Formenzeichnen – er nennt es einen Zweig des bildhaften Lehrens – sollte die innere Anschauung so gepflegt werden, daß sich das Denken daran entwickeln kann, ohne in das Intellektuelle abzugleiten. Als Beispiel dafür zeichnete er die linke Hälfte einer Figur, einen einfachen Bogen, an die Tafel. Daneben einen Strich und rechts davon ein Stück des Symmetrischen. Dann führte er dazu aus, daß man das Kind dazu bringen müsse, die Zeichnung als etwas Unvollkommenes zu betrachten, die erst «fertig *vorgestellt* werden müsse», zu versuchen, es anzuregen, von sich aus die Ergänzung zu bilden. Durch Übungen dieser Art, die möglichst abwechslungsreich zu gestalten sind, wird in dem Heranwachsenden der innere Drang hervorgerufen, Unvollendetes fertig zu machen, wodurch sich in ihm als Folge davon eine richtige Wirklichkeitsvorstellung ausbilden kann.

Studiert man die Beispiele, die R. Steiner für das Gebiet der Symmetrie gegeben hat, die sich von der axialen Symmetrie, der Spiegelung, zu den «asymmetrischen Symmetrien» erweitern, so fällt auf, daß sie alle mit der gebogenen Linie durchgeführt worden sind, und daß dabei Schleifenbildungen auftreten. Es geht bei diesen neuen Übungen darum, die Gleichgewichtskräfte im Vorstellen zu betätigen, links, rechts, oben, unten, innen, außen und dabei gleichzeitig in beschleunigte Bewegungsabläufe – in Dynamisches – hineinzukommen.

Das Zeichnen der Symmetrieformen wird von den Zweitkläßlern freudig aufgegriffen. Es empfiehlt sich jedoch, am Anfang mit einfachen Übungen zu beginnen, wobei sich als hilfreich erwiesen hat, die Linie auf der linken Seite mit einer gewissen Distanz zu der Mittellinie zu ziehen, so daß, wenn die Ergänzung rechts dazukommt, noch keine geschlossene Form entsteht, sondern die Aufmerksamkeit der Schüler mehr auf den spiegelbildlichen Linienverlauf gelenkt wird. Wenn sich dieser bei

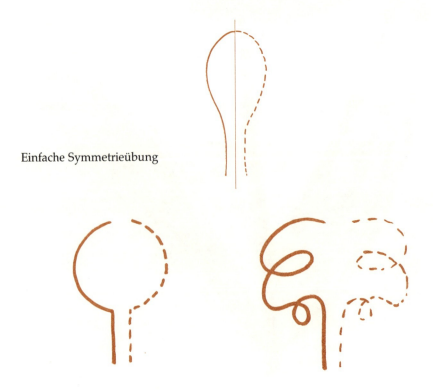

Einfache Symmetrieübung

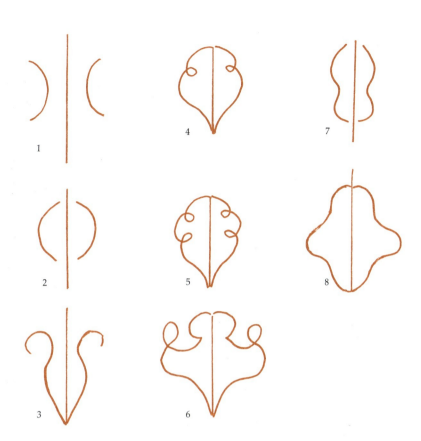

Einfache und kompliziertere Symmetrieformen

Junge, acht Jahre   Mädchen, acht Jahre

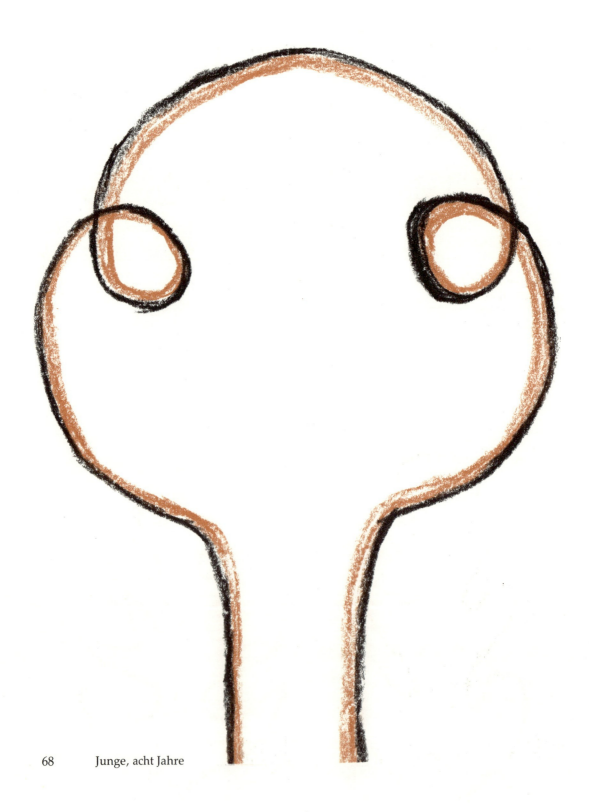

68 Junge, acht Jahre

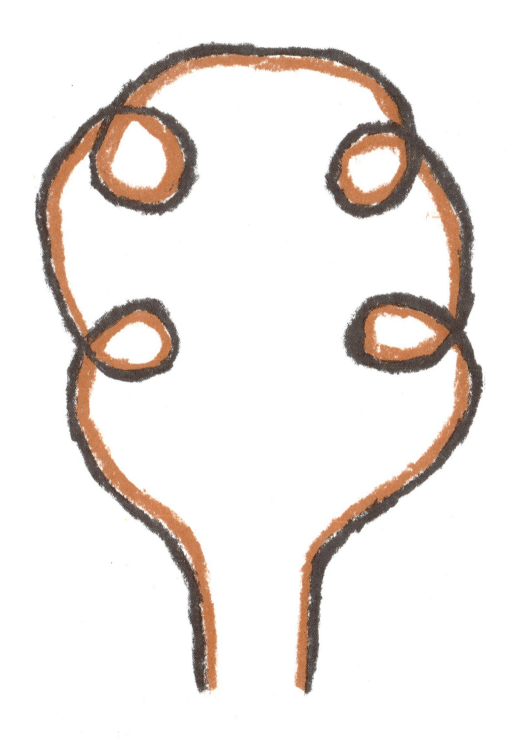

Mädchen, acht Jahre

einem nächsten Versuch oben zusammenschließt, entsteht der Eindruck des Flächenhaften. Nun kann bei den folgenden Aufgaben abgewechselt werden zwischen Symmetriebildern, die mehr nach außen drängende, quellende Formen oder spitzere, bei denen der Flächenraum wie weggesaugt wird, zeigen. Mitbestimmend für den Eindruck der entstehenden Figur ist auch die in die Höhe strebende Vertikale oder die unsichtbar wirkende Horizontalkraft. Ein nächster Schritt führt zu jenen Beispielen, die R. Steiner in Torquay demonstrierte, mit der Schleifenbildung. Der dabei einsetzende Wechsel im Bewegungsablauf, wenn z. B. einmal die Schleife nach innen, einmal nach außen zu zeichnen ist, erfordert eine verstärkte Konzentration (siehe Zeichnung).

Die Erfahrung hat immer wieder gezeigt, daß die Schwierigkeit für die Schüler häufig darin liegt, daß sie bei der zu ergänzenden Seite Mühe haben, den richtigen Abstand zur Mittellinie zu finden. Man wird zuerst versuchen herauszubekommen, ob derjenige, der die Figur gezeichnet hat, den Fehler bemerkt, was nicht immer der Fall ist. Läßt man ihn die beiden Hälften mit Farbe ausfüllen, verdeutlicht sich für ihn das Bild. Er wird anschließend versuchen, es besser zu machen. Für die Ausbildung des Schönheitsempfindens ist es wesentlich, daß im Anschauen einer symmetrischen Form die beiden Seiten gut zusammenstimmen, daß ein harmonischer Eindruck entsteht.

Im Laufe des zweiten Schuljahres, wenn mit den Achtjährigen eine Zeitlang die Links-Rechts-Symmetrie geübt worden ist, kann man zu den Spiegelungsaufgaben übergehen. Sie führen in ein anderes Raumerlebnis hinein. Zuerst wird es durch das Ziehen der Waagrechten oben und unten den Schülern bewußt gemacht. Die einfache Linie im oberen Raum, die gespiegelt werden soll, zeichnet man auch bei dieser Übung zunächst frei schwebend, ebenso die untere. Ein nächster Schritt führt dann bis zur Waagrechten auf beiden Seiten, auch können bei den folgenden Aufgaben die Linienabläufe komplizierter werden. Es ist anzuraten, die Spiegelungen mehr gegen Ende des zweiten Schuljahres machen zu lassen. Sie setzen die Fähigkeit einer distanzierteren Wahrnehmung voraus, die das Ganze überblickt. Bei jüngeren Kindern wird die untere Figur gerne wiederholt oder sie fällt zu klein aus, so daß kein ausgewogenes Bild erscheint. Durch das Umgehen mit den vier Richtungen – links, rechts, oben, unten – sind die vierseitigen Symmetrieformen, die sich vom Mittelpunkt einer Figur in den Raum hinein entfalten, wohl vorbereitet. Zeichnet man beispielsweise einen nach oben sich abschließenden Bogen in der Form eines Blütenblattes an die Tafel, so wird dieser bestimmend für die ganze Gestalt. Die Schüler müssen ihn nach unten und nach beiden Seiten ergänzen. Variationen können den Bogen schmal, breit, mit einer Ein- oder Ausbuchtung an der Spitze gestalten. Jedesmal ist bei einem neuen Versuch ein Gespanntsein auf die endgültige Erscheinung damit verbunden.

Im Zusammenhang mit solchen Symmetrieübungen[12] hat R. Steiner noch eine Anregung gegeben, die die Ausbildung des Stilgefühls betrifft. Es geht dabei um das bewußte Achten auf charakteristische Formelemente. In eine Figur mit vier runden Bögen zeichnete er jeweils eine Linie, die sich in einer Gegenbewegung dazu nach zwei Seiten hin öffnete, ebenfalls in Bogenform. Daneben eine gleichgroße vierseitige Außenform mit geraden Linien. In dieser zweiten sollte von den Schülern im Inneren

Spiegelungsformen
mit Abwandlung ins Eckige

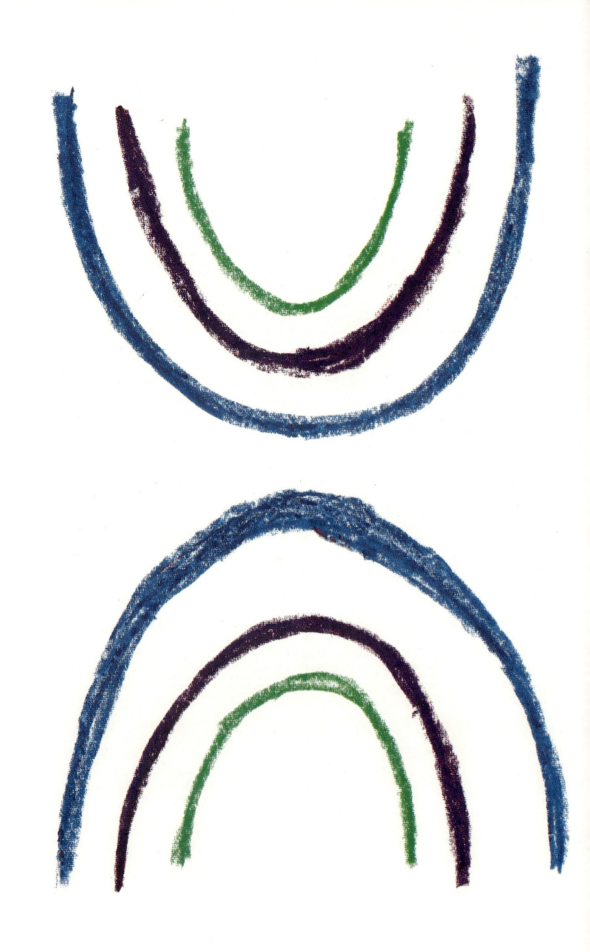

Vierseitige Symmetrie und Übung zur Stilbildung △
◁ Mädchen, acht Jahre

eine dazu passende gezeichnet werden. Mit der Lösung dieser Aufgabe wird man im Unterricht nicht gleich fertig sein. Man läßt den einen oder anderen Schüler an die Tafel kommen, um auszuprobieren, wie die Innenform aussehen muß, damit sie zu der gegebenen paßt. Erst nachdem diese gefunden und eine Umwandlung ins Eckige erfolgt ist, kann von allen die Form ins Heft gezeichnet werden (siehe hierzu auch die Ausführungen über die «asymmetrische Symmetrie»).

In den vergangenen Jahrhunderten, z. B. in der Zeit der Gotik, der Renaissance, gab es noch einen einheitlichen Stil, der das ganze Leben in all seinen Äußerungen prägte. In der heutigen Zeit, in der verschiedenste Reste aus der Vergangenheit neben dem Modernen existieren, muß selbst der Erwachsene sich erst wieder ein Gefühl für die Qualität und das Spezifische der Formensprache erwerben, ehe er die Kinder dazu anleiten kann, dafür ein Empfinden zu entwickeln.

Mit der beschriebenen Übung sollte ein typisches Beispiel gegeben werden, wie aus einem sehr subjektiven Umgang mit der Form ein objektiver werden kann. Bedenkt man die Entwicklungsphase, in der sich das Kind befindet, wenn es gegen das 10. Lebensjahr zugeht, in der sein Verhältnis zur Umwelt einen anderen Charakter annimmt, d. h. in der es sich aus der selbstverständlichen Verbundenheit mit ihr herauszulösen beginnt, wobei es kritischer und in Folge davon auch unsicherer wird, so erscheinen Übungen, bei denen wie in der vorher beschriebenen das Innere mit dem Äußeren wieder in Einklang gebracht werden muß, sehr sinnvoll. Zum richtigen Zeitpunkt angewandt, sind sie eine Hilfe. Man kann gerade unter dem zuletzt genannten Gesichtspunkt die Sache noch in einer anderen Weise fortsetzen. Man läßt zuerst nur die Innenlinie zeichnen, rund oder gerade. Hierbei wird das Hüllenlose der Figur sichtbar. Es muß die Antwort von außen gefunden werden, um wieder eine neue Ganzheit herzustellen. So kann durch kleine Veränderungen über das Wahrge-

Mädchen, acht Jahre △   Mädchen, acht Jahre ▽

74

Von der eckigen zur runden Form △
Mädchen, acht Jahre ▽

nommene der Schönheitssinn immer neu angeregt werden. Dadurch erreicht man oft mehr als durch Ausweitungen in eine zu üppige Formensprache. Nicht unwesentlich ist auch – das sei noch hinzugefügt – wie eine Symmetrie auf dem Blatt entsteht. Geht man dabei von der Senkrechten aus, die von der Waagrechten gekreuzt wird, so ist der Eindruck ein mehr statischer. Legt man als Ausgangspunkt sich kreuzende Diagonale zu Grunde (sie bildeten bei der Übung zur Stilbildung von R. Steiner den Ausgangspunkt), so löst sich die Figur aus der Statik heraus, sie hält sich mehr von der Mitte aus im Raum und wirkt freier.

Sachlich schließen sich an diese Beispiele jene Übungen an, die R. Steiner in Ilkley im Anschluß an die axiale Symmetrie entwickelte: die asymmetrischen Symmetrien (freie Symmetrien). Hier geht es nicht darum, zu der äußeren Form, die auch wieder zuerst gezeichnet werden muß, eine entsprechende Innenform zu finden, um durch Übereinstimmung der Liniensprache auf das Stilgefühl des Kindes zu wirken, vielmehr treten drei von außen kommende Rundbögen zusammen und berühren sich. Von der Mitte aus entfaltet sich im Inneren eine schmale Kleeblattform. Die Abänderung, die bei der folgenden Zeichnung vorgenommen werden muß, beginnt bei den Außenbögen. Sie werden bewegter, und die mittlere Ausbuchtung tritt deutlich hervor (siehe Zeichnung). Die sich daran anschließende Aufgabe fordert eine Veränderung der Innenform, damit das Gleichgewicht entstehen kann, d. h. gegenüber der Ausbuchtung muß eine Einbuchtung erfolgen. Die Gesamtfigur zeigt keinen symmetrischen Aufbau, sie besteht aus einer Dreiheit. Die Symmetrie kommt jeweils

Asymmetrische Symmetrien

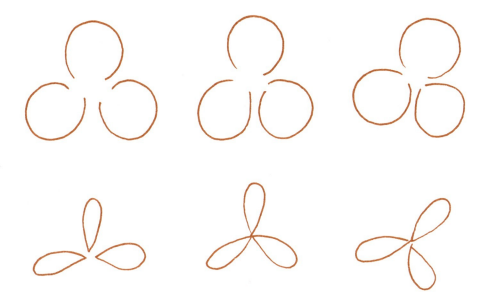

Übungsschritte zum Aufbau einer freien Symmetrie

Junge, sieben Jahre

da zustande, wo gegenüber der Ausbuchtung eine Einbuchtung auftritt. R. Steiner nennt das eine «asymmetrische Symmetrie». Diese Zeichenübung, die im Kind ein innerlich raumhaftes Vorstellen hervorruft, erweckt auch den Eindruck des Gehaltenseins, der von dem festen Mittelpunkt ausgeht. Das nächste Beispiel befreit von aller Gebundenheit. Drei samenartige Gebilde gruppieren sich um eine freie Mitte. Dazwischen breiten sich nach außen strebende blütenblattähnliche Gebilde aus. Von dort setzt bei der nächsten Zeichnung die Veränderung ein: Die äußeren Formen öffnen sich, scheinen davonzulaufen. Wird die auseinanderstrebende Tendenz recht lebendig erlebt, so stellt sich das Bedürfnis ein, im Inneren mit einer Gegenbewegung einzusetzen. Die vorher frei zu einander stehenden «Samen» schließen sich zu einer Einheit zusammen, bilden ein festes Zentrum, das Halt zu vermitteln vermag (siehe Zeichnung). Daß sich bei diesen Beispielen nur runde Linien finden, ist verständlich. Das Sichausdehnen und Zusammenziehen fordert dies, denn die Verwandlung spielt sich ganz im Bereich der Bewegung ab. Gerade Linien, die sich zu Ecken und Kanten

Junge, achteinhalb Jahre

zusammenfügen, bringen mehr das Architektonische einer Form zum Ausdruck. Sie sind daher weniger geeignet. Da es sich um Beispiele handelt, die das geometrische Zeichnen vorbereiten sollen[13], helfen sie dem Schüler, ein bewegliches Vorstellen zu entwickeln, und dabei wird die innere Anschauung geübt.

In der Praxis kann man immer wieder bemerken, daß diese Aufgaben unter den bisher genannten die schwierigsten sind. Die nach drei Seiten sich entfaltende Form geht von einem Mittelpunkt aus. Die Einteilung muß mit Wachheit, mit einem Gefühl für den richtigen Abstand gemacht werden. Der Lehrer kann hierbei Hilfestellung leisten, indem er zunächst mit drei einfachen Linien, die von einem Mittelpunkt ausgehen, zeigt, was für Flächen sich bilden, wenn die Linien zu nahe aneinander oder in ungleichmäßigen Abständen gezeichnet werden. Hat man auf diese Verhältnisse der Zwischenräume aufmerksam gemacht, beginnt das Zeichnen der Bögen von der Mitte aus. Die Schüler erleben sich dabei im Zentrum der entstehenden Figur und versuchen von dort aus abzuwägen, wie der Linienverlauf sich gestalten muß; ein spontanes Vorgehen ist hierbei nicht möglich.

Mädchen, neun Jahre

Form und Farbe

Zum Abschluß sei noch ein Wort zur Frage der farbigen Ausgestaltung der Zeichnungen angefügt. Selbstverständlich geht es beim Formenzeichnen in erster Linie um die Schulung des Formgefühls. Im Pädagogischen Jugendkurs macht R. Steiner aber darauf aufmerksam, daß im Kind neben dem Formgefühl auch das Farberlebnis wachgerufen werden soll.[14] Er verdeutlicht das an verschiedenen Kreisübungen und zeichnet in zwei grüne Kreise drei rote, die dann auch in umgekehrter Anordnung gezeichnet werden müssen. Auch an der Tafel wird die farbige Kreide der weißen vorzuziehen sein, denn sie spricht mehr zum Gemüt des Kindes. Es ist auch möglich, durch die Farbe den Charakter einer Linie oder einer Form noch zu betonen. Die aktiven Farben wie Rot und Orange eignen sich mehr für Dynamisches, Blau und Grün hingegen unterstützen das Statisch-Ruhende. Selbstverständlich wird man es den Kindern auch immer wieder selbst überlassen, die eine oder andere Farbe zu wählen. Beim gemeinsamen Betrachten der entstandenen Formbilder findet sich dann die Gelegenheit, darauf aufmerksam zu machen, wo es gelungen ist, Farbe und Form in Einklang zu bringen.

Das Formenzeichnen unter dem Aspekt der Temperamente

Individueller Ausdruck in der Spur der Bewegung – Beispiele von Schülerzeichnungen

Das Formenzeichnen fördert ganz allgemein eine gesunde Entwicklung, insofern es Konzentration, Formgefühl und Beweglichkeit des Vorstellens weckt und übt.

Dieses Gebiet erweist sich aber auch als Seismograph für all die Schwankungen, die im Umbildungsprozeß der Kräfte mit Beginn der Schulzeit bei den Kindern auftreten.

Das hängt mit dem Entstehungsvorgang der Formen zusammen, die aus der erlebten Bewegung durch willentliche Tätigkeit in die Anschauung geführt werden. Man kann z. B. die Kinder dazu veranlassen, eine Form im Raum zu laufen, sie dann mit der Hand in die Luft zu zeichnen und sie schließlich mit dem Finger auf dem Blatt, jetzt aber schon überschaubar begrenzt, noch einmal durchzubewegen.

Danach erst wird mit dem Stift die Spur der Bewegung auf dem Papier sichtbar gemacht. Aktiv wird der Entstehungsprozeß erlebt: das Gerade, Runde, Spitze usw. wächst wie aus der eigenen Natur hervor. Hier setzt das eigentliche Verstehen der Formen ein.

Vergleicht der Klassenlehrer die Zeichnungen eines Kindes über einen längeren Zeitraum hinweg, so wird er darin, außer der zunehmenden Geschicklichkeit, einen fast unverwechselbaren Grundcharakter der Formbildung erkennen.

Alle Schattierungen persönlicher Empfindungs- und Willensreaktionen sind dem freien Formenschaffen eingeprägt. Das zeigt sich an der Bewegungsspur, wie sie vom Ansetzen des Stiftes über die Durchführung bis hin zur fertigen Form verläuft: Übereilung oder gehemmtes Zögern hier, flüchtiges Gleiten des Stiftes oder mit starkem Druck der Hand tief eingegrabene Linien dort.

Einige Beispiele aus der 1.–4. Klasse können das zeigen.

Abb. 1 aus dem 1. Schuljahr: Die starke Erregung der ersten Schultage kommt darin zum Ausdruck. ▷

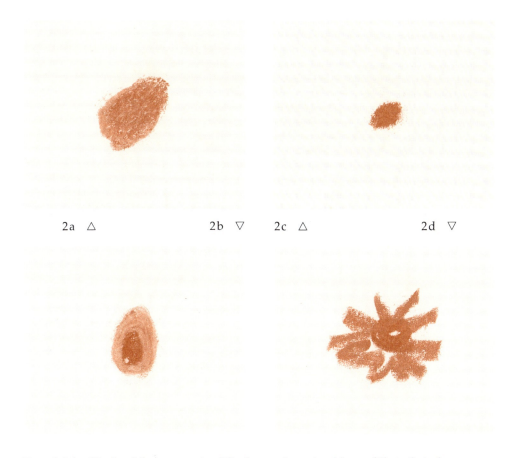

2a △   2b ▽   2c △   2d ▽

Das gleiche Kind zeichnete wenige Wochen später eine klar geführte Spirale.

Abb. 2a–d, ebenfalls aus dem ersten Schuljahr. Von verschiedenen Kindern gezeichnete Mittelpunkte einer Form überraschen durch ihre Ausdruckskraft.

a ist groß und locker schwingend,
b formt sich dicht und länglich, Kern und Schale in zwei Farben, sind fest und gleichmäßig gezeichnet,
c ist klein und ohne viel Bewegung einfach gesetzt, und in
d geht die Bewegung mit starkem Druck erst rundum und stößt dann heftig nach außen.

Abb. 3 zeigt nochmals den Punkt von Abb. 2d mit nach außen sich öffnenden Bögen. Um das kraftvolle Zentrum sind die innersten Linien mit sicherem Gleichgewichtsgefühl angelegt.

Vom gleichen Kind stammt auch die folgende Form, Abb. 4. Mit raschen Strichen umschließen die Rundbögen die Mitte. Überreich gliedert sich der Innenraum mit allerlei Formen, und rundum erscheint die Zackenlinie wie eine Stachelhaut.

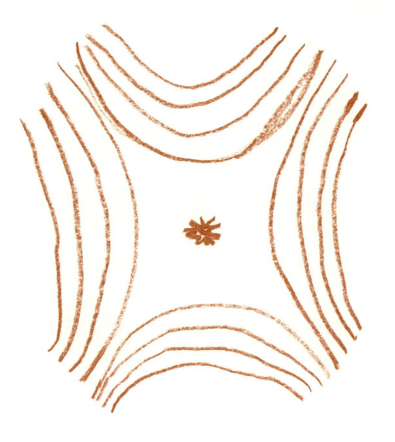

3

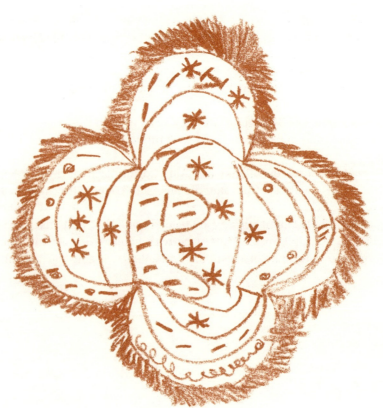

4

Die Abbildungen 5a–f zeigen sechs Spiralformen aus dem zweiten Schuljahr.[1] Ein harmonischer Bewegungsablauf von Zusammenziehen und Ausdehnen vollzieht sich zwischen Zentrum und Peripherie.

a: Locker und leicht aufsteigend schwingt die Bewegung in schöner Rundung nach innen und wieder heraus, immer fließend. Der Innenraum bleibt offen und nirgends wird es eng und fest, nur an der Wendung von innen nach außen wird nachgezeichnet.

b: Die Bewegung setzt abwärts ein und wird zur Mitte hin immer enger und fester.

c: Hier wird die Linie fast zur Fläche, doch führt die Bewegung harmonisch gerundet zur Mitte und wieder heraus.

d: Noch flächenhafter quillt die Linie auf, und die schön gerundet beginnende Bewegung wird zur Mitte hin unsicher.

e: Mit starkem Druck gezeichnet geht die Bewegung energisch zur Mitte und zurück. Die vier Wiederholungen rundum haben die Kraft und die Schwere der ersten Form schon verloren.

f: Höchste Spannung prägt diese Form. Sie ist mit starkem Druck gezeichnet, und die Wendung von innen nach außen vollzieht sich in einer scharfen Spitze.

5a

5b △   5c ▽

5d △ 5e ▽

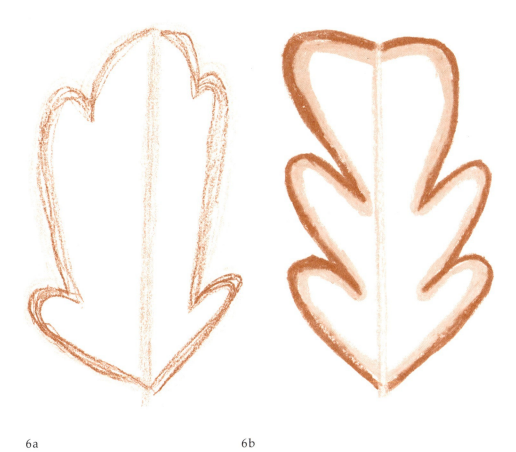

6a 6b

Ebenfalls aus einem zweiten Schuljahr sind die Abbildungen 6a und 6b.

Die Harmonie der Symmetrieformen besteht im Gleichgewicht zwischen Rechts und Links, was selten mit der genauen Spiegelung identisch ist.

Abb 6a: Die ergänzte Seite rechts verengt sich und rückt dicht an die Mitte heran. In ihrem mittleren Teil ist die ganze Form stark in die Länge gezogen, wirkt aber noch harmonisch. Zart ist die Linie, wie tastend wird das Gleichgewicht gesucht.

Abb. 6b: Die gleiche Form wurde von einem anderen Kind mit starkem Druck und leichter Ausweitung im unteren Teil gezeichnet.

Im vierten Schuljahr werden Formen mit einer neuen Gesetzmäßigkeit eingeführt. Das zeichnerische Können der Kinder ist gewachsen, und alles vorher Geübte erscheint auf neuer Stufe ineinander verflochten. An den Beispielen der Abb. 7a und b ist die Punkt-Kreis-Beziehung und die Symmetrie deutlich zu sehen. Neu dazu kommt jetzt das Davor und Dahinter. Mit den Augen der Bewegung folgend, muß man sich an jeder Kreuzung einen Moment bewußt machen: jetzt drunter durch, jetzt drüber weg!

Beide Kinder haben die Form erfaßt, doch zeigt der Vergleich, daß in der ersten Form die Mitte weit offen ist und die ganze Form wie gedehnt wirkt. Die zweite Form erscheint dagegen verengt und in der Mitte fest geschlungen.

7a △

7b ▽

An den Zeichnungen kann der Klassenlehrer den Blick für einseitige Veranlagungen schärfen. Sie neigen in der Tendenz z. B. zu überformter Verfestigung oder zum Verfließen und weisen gleichzeitig auf Stärken und Gefährdungen im seelischen Wesen eines Kindes hin.

Eine der Hauptaufgaben in den ersten Schuljahren ist es, an der Harmonisierung von Einseitigkeiten zu arbeiten, um Fehlentwicklungen vorzubeugen. In diesem Zusammenhang ist die Beachtung der Temperamente im Sinne der Menschenkunde Rudolf Steiners zu berücksichtigen. Die Temperamente sind wichtig für die Diagnose einseitiger Veranlagungen. Sie sind aber auch das Gebiet wirksamer Behandlung.

Die Temperamente

Als Temperament wird ganz allgemein die Grundfärbung des menschlichen Wesens angesprochen, und die Temperamentenlehre gilt seit der Antike in der Medizin und in der Psychologie als das ‹historische Kernstück› der Menschenerkenntnis. Vier Haupttypen seelischer Grundstimmungen werden darin unterschieden. Ihre Bezeichnungen stammen aus der Lehre des Hippokrates, der Gesundheit und Krankheit aus dem rechten oder falschen Zusammenspiel der Körpersäfte erklärte: Die Cholerik deutet hin auf zu leichtflüssige Galle (cholè), Melancholie entsteht, wenn sie schwarz (melas) eindickt, auch Schwarzgalligkeit genannt. Zu trägem Schleim (phlegma) werden die Säfte im Lymphsysteme oder sie werden im Blut zu schnell (sanguis).

In der modernen Psychologie wird die Temperamentenlehre als überholt abgelehnt, sie findet aber im Alltag und in der praktischen Psychologie durchaus Verwendung.

Die ausführliche Betrachtung der Temperamente und ihrer Bedeutung für die Erziehung und Selbsterziehung ist bei Rudolf Steiner schon 1908/09 zu finden. Er gibt eine neue Begründung der Temperamentenlehre.

Mit seiner Darstellung des Menschen nach Leib, Seele und Geist stellt R. Steiner auch die vier Temperamente auf eine neue Erkenntnisgrundlage.

Das Temperament erscheint in seiner Schilderung als Verbindung von zwei Strömungen, zwischen denen die menschliche Entwicklung sich vollzieht. Es steht in der Mitte zwischen dem, was der Mensch sich individuell aus der Präexistenz mitbringt, und dem, was aus der Vererbungslinie stammt. Eine Strömung färbt die andere, so wie die blaue und die gelbe Farbe sich im Grün vermischen. Das Physisch-Leibliche und das Seelisch-Geistige durchdringen sich. Eins lebt im anderen[2].

Im Anschluß daran wird die Verbindung der Temperamente mit den vier menschlichen Wesensgliedern[3] entwickelt.

Indem der Mensch sich in seinen Wesensgliedern erkennen lernt, wird ihm ihr Zusammenhang, ihr Wechselbezug und ihre individuelle Akzentuierung als das eigene Temperament deutlich. Wo die Kraft des Ich habituell vorherrscht, tritt die Cholerik auf. Die leichte Wandelbarkeit der Empfindungen und der Vorstellungen im

Astralleib kennzeichnet den Sanguiniker. Die überwiegenden Lebensprozesse eines kraftvollen Ätherleibes führen zum Phlegma, während der Melancholiker am stärksten die Schwere des physischen Leibes erlebt. Jeder Mensch hat alle vier Wesensglieder in sich, aber das eine oder andere Wesensglied wird vorherrschen und das spezielle Temperament erzeugen. So betrachtet gehört das Temperament zum Wesen des Menschen. Und es ist im Hinblick auf seine Entwicklung eine Chance, nicht nur eine Schwäche. Die positive Bewertung jedes Temperamentes ergibt erst die Möglichkeit seiner sozialen Einbindung und Handhabung.

Alle erzieherischen Angaben Rudolf Steiners gehen dahin, das vorherrschende Temperament nicht zurückzudrängen, sondern in seiner positiven Ausrichtung zu fördern, so daß es sich als Chance auswirken kann.

Solange die Temperamente im Gesamtmenschlichen aufgehoben sind, stellen sie das dar, was das Leben mannigfaltig und reich macht. Aber ebenso wie jede Stärke auch eine Schwäche werden kann, liegt in ihnen auch die Gefahr der Ausartung, bis hin zu Krankheiten.[4]

Charakterisierung der Temperamente mit den dazugehörenden Formen

Die Einführung in die methodische Behandlung der Temperamente geht aus von dem Zusammenhang der Temperamente mit den Wesensgliedern, denn «... es muß Ergebnis von Erziehung und Unterricht sein, die Harmonisierung zwischen den Gliedern herzustellen.» (GA 295, Vortrag vom 21. 8. 1919, 1. Seminarbesprechung) Danach gibt R. Steiner den Lehrern eine mehr schematische Orientierung für die Temperamente unter dem doppelten Gesichtspunkt von seelischer Erregbarkeit und Stärke.

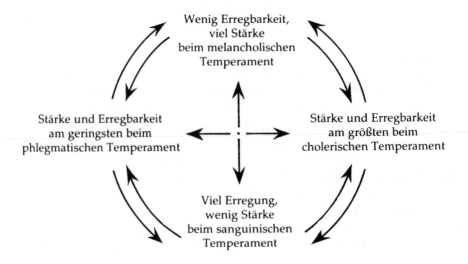

Nun muß man berücksichtigen, daß die Temperamente selten in völliger Reinheit vorhanden sind, und es gilt, auf die Gegensätze und Übergänge in der charakterologischen Beschaffenheit zu achten. Dabei wird immer eine dominierende Temperamentsfärbung zu finden sein. Das Kind kann sein Wesen nicht verbergen. Im freien Gestalten in Farben und Formen, wie es in den ersten Schuljahren üblich ist, tritt das besonders deutlich zutage. Daraus ergibt sich die Aufgabe, einerseits im Unterricht individuell vorzugehen und andrerseits die Gruppierungen zu finden. Letztlich jedoch entsteht nur aus der inneren Verbindung des Erziehers zum Kind ein tieferes Verständnis für seine seelische Grundstimmung.

An vielen Orten[5] spricht R. Steiner von der Berücksichtigung der Temperamente im Unterricht, aber nur in den Seminarbesprechungen ist die Rede davon, wie man der einen oder anderen Wesensart im Formenzeichnen entgegenkommt. Im folgenden wird auf die von R. Steiner angeregten Formen hingewiesen und ihre Verbindung zum jeweiligen Temperament aufgezeigt.[6]

Eine kurze Charakterisierung des Temperaments mit seinen Stärken und Gefahren sei der Beschreibung der Formen, durch die man erziehend auf die Temperamente Einfluß nehmen kann, vorangestellt.

Das sanguinische Kind

In der Klasse fallen die sanguinischen Kinder als fröhlich und lebhaft auf. Ihr Wesen schließt sich rasch auf, sie sind umgänglich und vertrauensvoll. Für alles Neue sind sie leicht zu begeistern, rasch wird ein Eindruck wirksam. Doch das Interesse haftet nicht lange an einem Gegenstand, es eilt von einer Wahrnehmung zur nächsten.

Alles Rhythmische ist für diese Kinder Lebenselement. Sie rezitieren mit feinem Sprachgefühl und sind phantasievolle Erzähler. Immer sind sie bereit, im Unterricht etwas beizutragen.

Der Gestalt nach zeigt sich das sanguinische Kind zierlich und schlank. Flink bewegt es seine Glieder, und sein Gang geht leicht ins Beschwingte oder ins Hüpfen über. Fröhlich schaut es aus den Augen, doch wird der Blick leicht schweifend, schnell haftend und schnell sich wieder abwendend. Bei einem übererregbaren Kinde sind die Augen weit aufgerissen und unstet.

Hier beginnt die Gefahr dieser labilen Seelenart. Das Kind wird flatterhaft und schwatzhaft, die Beweglichkeit wird zur Unruhe, alles Sprechen steigert sich leicht zum Schreien, – es gerät immer mehr «außer sich».

Gemeinsam ist diesen Kindern die starke Erregbarkeit ihrer Vorstellungs- und Gefühlswelt durch Sinneseindrücke. Aus ihren leiblichen Kräften haben sie dem noch keine Stabilität entgegenzusetzen. Daher reagieren gerade die sanguinischen Kinder auf seelische Erregungen und Stimmungen bis in alle Lebensprozesse hinein; z. B. mit Schlafstörungen und Appetitlosigkeit. In harmonischer Umgebung kann auch der Organismus richtig gedeihen.

Beim Zeichnen hat das sanguinische Kind eine leichte Hand, seine Linien sind zart und schön geformt (siehe Abb. 5a). Rasch macht es Wiederholungen, ohne sich dabei wesentlich zu verbessern (Abb. 5e). Neigt ein Kind zur Flatterhaftigkeit, verflachen die Formen, und es verliert leicht die Orientierung, z. B. wenn die Form um ein Zentrum angeordnet ist.

Formen für das sanguinische Kind

Dem sanguinischen Wesen kommt man im Zeichnen dadurch entgegen, daß man auf variierte Wiederholung achtet. Als Beispiel wird ein einfaches Motiv gegeben:

Es wiederholt sich dreimal:

Dann noch einmal eins und drei[7]:

Der Charakter dieser Form zeigt sich deutlich, wenn man sie groß an die Tafel zeichnet: Auf und ab schwingt die Bewegung, rasch zieht sie von links nach rechts und kehrt nicht zu ihrem Ausgangspunkt zurück. Grundzug der fortlaufenden Linie und Wellenlinie:

Vor drohender Verflachung ist diese Bewegung durch eine straffe rhythmische Gliederung in Rundungen geschützt, die an den Spitzen einen kurzen Moment der Ruhe zum Wechsel der Richtung bekommen haben, um sich wieder emporzuschwingen – auf und ab.

Dazu kommt noch eine völlige Unterbrechung der Bewegung – wie eine große Pause: einmal – Pause – dreimal – Pause. Jede Gefahr der Gleichförmigkeit ist gebannt, immer neue kleine Spannungselemente sammeln die Aufmerksamkeit wieder.

Bei allen Variationen für das sanguinische Temperament sollte auf die Grundelemente dieser Form geachtet werden:
- Auf- und abschwingende Bewegung in fortlaufender Richtung
- Rhythmische Wiederholungen
- Bewußter Richtungswechsel durch Winkelbildung
- Unterbrechungen in rhythmischer Folge, keine Endlosbänder.

Das Kind dieses Alters wird dadurch angehalten, Willensanspannung bewußt zu üben.

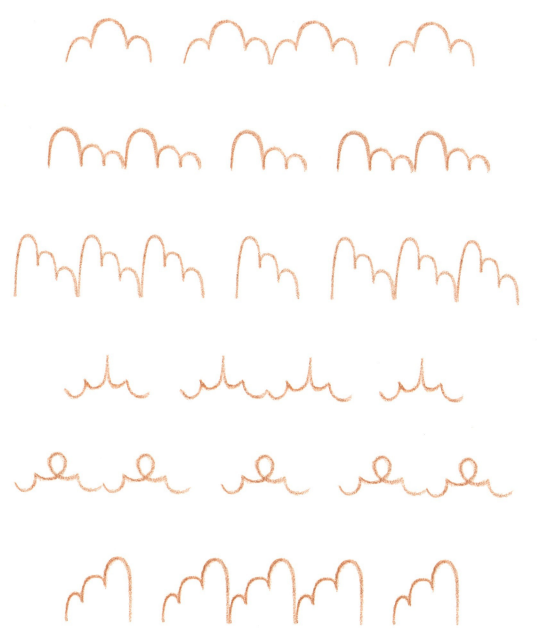

Auf einer späteren Stufe, z. B. im 5. Schuljahr, können in der Pflanzenkunde Blattmetamorphosen und «Rankenartiges» gezeichnet werden, worin rhythmische Wiederholungen auftreten, wie die Natur sie zeigt. Die Schilderung der griechischen Kulturepoche im Unterricht gibt ebenfalls Anlaß, dieses rhythmisch-atmende Element zu vertiefen.

Das melancholische Kind

Vom Wesen der melancholischen Kinder strahlt wenig nach außen. Der Gestalt nach sind sie auch oft schlank und feingliedrig, aber ihre Bewegungen sind verhalten, der Gang knapp, auch etwas zögernd. Sie schauen nicht immer fröhlich in die Welt, sind eher leicht wehmütig, und um sich her lieben sie es still. Sie sprechen auch leise, dazu ein wenig eintönig. Selten zeigen sich spontane Gefühlserregungen, sie neigen zum Grübeln und kommen schwer von ihren eigenen Gefühlen los.

Über ihre Beteiligung im Unterricht kann man sich leicht täuschen. Sie sind ruhig und erscheinen oft gleichgültig, schaut man genauer hin, so merkt man, daß sie viel mit sich beschäftigt sind oder intensiv aufmerken. Ihr Interesse muß nach außen geführt werden, z. B. durch ausführliche Betrachtungen einer Sache von verschiedenen Seiten. Darüber können sie dann nachdenken, vergleichen und urteilen. Beachtung und Anerkennung ihrer Arbeiten, die sie zuverlässig und ordentlich machen, brauchen diese Kinder doppelt.

Bei dieser Veranlagung steht den seelischen Intentionen, die nach Leichte und Beweglichkeit streben, aus der leiblichen Disposition ein Schweregefühl als Hemmnis entgegen. Dadurch wird die Harmonie zwischen der seelisch-geistigen Wesensseite und einem behaglichen Lebensgefühl mehr oder weniger in seiner Grundstimmung gestört.

Die Gefahr besteht hier in der sozialen Abkapselung von der Umgebung und der daraus entstehenden Vereinsamung. Wenn es gelingt, die Kräfte dieser Seelenart vom Inneren auf das Äußere zu lenken, so kann sich die Leidens-Fähigkeit umwenden in Mit-Leiden der Schicksale anderer.

Die Formen eines melancholischen Kindes zeigen insgesamt die zusammenziehende Tendenz.

Die Anspannung nach innen überwiegt. Das Ergebnis ist ihm wichtiger als die Bewegung dahin. Die Linie zeichnet es vielfach dünn, zögernd oder auch mit spitzem Druck.

Formen für das melancholische Kind

Entgegengesetzt dem bewegten Motiv für das sanguinische Kind ist die nächste Form in bestimmter Weise aufgebaut, Abb. 8a und b. Beim melancholischen Kind ist darauf zu achten, daß sich etwas Nachdenkliches mit der Anschauung vereinigt. Zuerst wird Figur a gezeichnet und dann als Gegenform Figur b danebengesetzt.

8a   8b

Zunächst wird die ursprüngliche Form a schraffiert, dazu die Gegenform b. Was in a schraffiert ist, bleibt in b leer. Denkt man sich in b das Leere ausgefüllt und das Ausgefüllte leer, so hat man wieder a vor Augen. So sind die äußeren Formen in b entgegengesetzt den inneren in a. Dadurch kommt die Phantasie in Regsamkeit, und die Veranlagung des melancholischen Kindes zur Verschlossenheit wird nach außen abgelenkt. (Siehe dazu 4. Seminarbesprechung.)

Die Grundfigur dieser Übung (9a) ist um ein Zentrum angeordnet. Sie zeigt ein bewegtes Gleichgewicht zwischen der Innenform und den Umgebungslinien. Die innere Figur schwingt sich nach außen, und die äußere Linie drückt mit ihrer Spitze gegen das Zentrum (9b). Für die Gegenform wird sie ein zweites Mal gezeichnet. Es ist keine leichte Form und bedarf einiger Vorübungen.

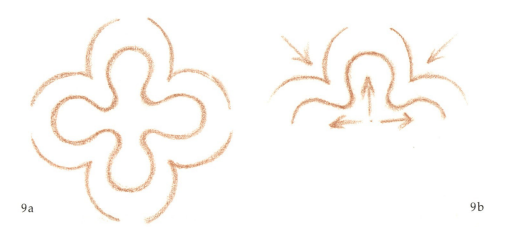

9a   9b

Neu hinzu kommt jetzt die Flächenbildung, die sonst ganz dem Malen vorbehalten ist. Die Form gewinnt dadurch sichtlich an Bedeutung und Gewicht. Das auftretende Hell-Dunkel läßt jeweils die innere oder äußere Form stärker hervortreten[8].

Während der doppelten Ausgestaltung dieser Form entsteht in der Tätigkeit ein Vergleichen: Innenform hell – Außenform hell. Für die hier angesprochene Altersstufe liegt zunächst in diesem Vorgang die Verbindung von Anschaulichem und Nachdenken. Eine Betrachtung darüber, wie alles Innere mit dem Äußeren zusammenhängt, wird sich zwischen den Kindern und dem Lehrer anschließen.

Hier vier Beispiele und eine Vorübung:

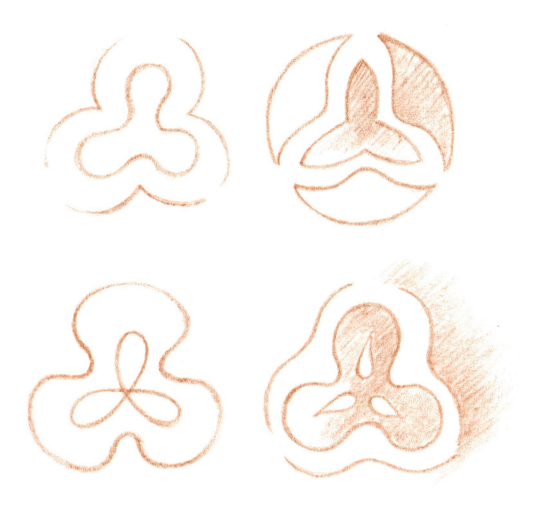

Das phlegmatische Kind

Von den phlegmatischen Kindern geht eine friedfertige Ruhe aus. Sie fühlen sich wenig dazu gedrängt, ihre Gefühle in spontanen Reaktionen nach außen zu richten. Sie warten ab, was um sie herum geschieht.

 Im Unterricht sind sie allem chorischen Geschehen sehr zugetan, sie «schwimmen» regelrecht mit. Alles Neue sinkt in sie hinein und taucht nur langsam aus dem Gedächtnis wieder auf. Was ihnen aufgetragen wird, üben sie treu und beständig. Gelingt es, ihre Teilnahme am Tun und Können der anderen Kinder zu wecken, so kommen sie auch aus sich heraus und zeigen, wieviel humorvolle Beschaulichkeit und Gemütstiefe in ihnen lebt.

 In einer bewegten Kindergruppe sind sie die ruhenden Pole: Der Gestalt nach eher rundlich, mit gemächlichen Bewegungen und langsamer, schlendernder Gangart. Auch die Physiognomie erscheint verträumt und unregsam, wenn das Interesse sich nicht nach außen wendet. Alle Seelenregungen sind stark an die Leibesfunktionen gebunden, die mit dem Drüsensystem zusammenhängen.

Bei dieser Wesensart ist die Gefahr in sich hineinzubrüten ebenso vorhanden wie ein Wegträumen nach außen. Daraus entsteht im Extremfall Teilnahmslosigkeit, die bis zur Stumpfsinnigkeit führen kann. Immer wieder müssen in diesen Kindern weckende Reaktionen in den Sinneswahrnehmungen angeregt werden, z. B. bei plötzlichen Geräuschen aufzuhorchen und an Formen aufmerksames Sehen zu üben.

Formen für das phlegmatische Kind

Weder die rhythmische Bewegung, noch das bedächtige Vergleichen zwischen Innen und Außen wie etwa für das sanguinische und melancholische Kind kommt hier zur Anwendung. Die Form baut sich in drei Schritten auf. Zuerst wird die Kreislinie gezeichnet, sie umschließt eine freie Innenfläche (Abb. 10a). Im zweiten Schritt wird diesem freien Raum mit vier gebogenen Linien eine Gliederung gegeben (b). Das Zentrum wird dabei gefunden, es ist Ergebnis der Tätigkeit. Die eingegliederte Form kann auf mehrfache Weise entstehen: z. B. wie in d oder e, woraus sich reizvolle Übungs-Varianten ergeben.

Die eigentliche Überraschung liegt im dritten Schritt: die Kreis-Hülle wird ausgelöscht. Ein klares vierteiliges Gebilde steht uns jetzt vor den Augen (c). «Durch Zeichnen und Auslöschen ist das phlegmatische Kind aus seinem Phlegma herauszureißen.» (3. Seminarbesprechung)

10a–c

10d und e

Im bildnerischen Ausdruck tritt die Neigung des phlegmatischen Kindes zu farbigen Flächen deutlich hervor, es erreicht beim Malen mit den Aquarellfarben schöne farbige Übergänge. Beim Zeichnen zeigt sich diese Veranlagung in der Tendenz zum Aufquellen der klaren Linie und in der Dehnung der ganzen Form, oft über das gegebene Format hinaus.

Wiederholungen macht das phlegmatische Kind gerne, doch bleiben sie sich gleich und werden leicht mechanisch, wenn keine starken Veränderungen beachtet werden müssen. Diesen Akzent bringt der letzte Schritt im Aufbau der dargestellten Form mit sich: die umgebende Hülle verschwindet, frei tritt die neue Form hervor.

Dieser letzte Schritt stellt in der Praxis an die Phantasie und Geschicklichkeit des Lehrers einige Anforderungen. Das Weglöschen läßt sich am besten an der Tafel durchführen, und dort können immer nur wenige Kinder gleichzeitig arbeiten. In großen Klassen besteht die Möglichkeit, auf dem Blatt das Hervortreten der neuen Form zu betonen. Das läßt sich auch bei dieser Formgruppe durch Einbeziehen der Fläche im Hell-Dunkel oder in Farbe ausführen.

Grundsätzlich arbeiten zunächst alle Kinder an einem Motiv mit, wobei es für den Lehrer aufschlußreich ist, wie z. B. das cholerische Kind die Form für die phlegmatischen oder melancholischen Kinder anlegt. An der Tafel wird man soviel wie möglich diejenigen Kinder zeichnen lassen, für die eine bestimmte Übung entwickelt wurde.

Der Akzent liegt für das phlegmatische Kind dabei auf der aktiven Formveränderung zur Stärkung des Unterscheidungsvermögens, während es sich beim melancholischen Kind stärker um das Erleben der Beziehung zwischen der Innen- und der Außenform handelte.

Weitere Beispiele für die 2.–5. Klasse:

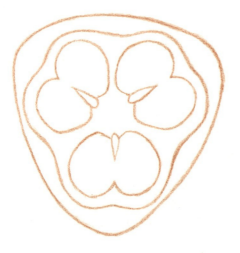 

Das cholerische Kind

Innere Stärke und Erregbarkeit der Sinne sind beim cholerischen Kind am größten. Mit vehementem Tätigkeitsdrang geht es an seine Aufgaben heran, betriebsam wird geschafft – es drängt zum Abschluß. Steht der Tatkraft ein Hindernis entgegen, so reagiert es heftig, ja auch explosiv. Das führt oft aus belanglosen Ursachen zu Konflikten mit seiner Umgebung. Seine feurige Empfindungskraft kann das cholerische Kind noch nicht beherrschen, ungezügelt drängt die Egoität heraus.

In der Erwartung neuer Dinge richtet sich der Blick wach und gespannt nach außen. Kann sein Wille sich nicht durchsetzen, so grollt das Kind und schaut trotzig und mißmutig drein. Die Gestalt ist relativ stämmig, fest und entschieden der Gang. Diese Kinder können mit ihrer Tatkraft impulsierend auf andere wirken und bei gemeinsamen Unternehmungen organisieren, einteilen und führen.

Sorgfältiges und geduldiges Üben ist eine harte Probe für sie. Gelingt eine Sache nicht auf Anhieb, so wird sie eher verworfen, als von sich aus wiederholend angepackt. Ein stark cholerisches Kind kann bei Mißerfolgen auch gegen sich selbst wüten.

Als Gefahr überbetonter Einseitigkeit steht hier die Zornmütigkeit bis hin zur krankhaften Erscheinung der Tobsucht[9].

Die Erfahrung zeigt, daß es sehr ökonomisch ist, wenn im Unterricht die Kinder mit derselben Temperamentsanlage zusammensitzen. Die Choleriker heilen sich, wenn sie sich aneinander ausleben. Der Melancholiker wird munter, wenn er unter Melancholikern sitzt[10]. Die Gruppen wirken aber auch aufeinander, wenn die temperamentsbedingten Fähigkeiten in die Unterrichtsgestaltung mit einbezogen werden[11].

In den Zeichnungen der cholerischen Kinder zeigt sich viel von der Spannung und Ausdruckskraft, die in ihnen lebt. Sie führen jedoch den Stift oft mit so starkem Druck, daß formale Feinheiten dabei leicht verloren gehen (s. Abb. 2d und Abb. 4).

Die Formen für das cholerische Kind

Für diese Gruppe gibt es keine Formenangabe von R. Steiner. Die Grundgeste der inneren Bewegung ist jedoch beim cholerischen Kind leicht ablesbar. Es fühlt sich stets als Mittelpunkt, und die Beziehungen zum Umkreis werden mehr oder weniger heftig, aber immer aktiv aufgenommen. In der Formensprache heißt das mit einem Ausdruck Rudolf Steiners: «Innenkraft drängt nach außen», Paul Klee nennt es «Herrscherbewegung».[12]

Dieser Tatkraft nach außen sollte der Erzieher eine differenzierte Empfindsamkeit für das, was im Umkreis lebt, hinzufügen.

Ausgehend von der vorhandenen Kraft, wird die Form von der Mitte her aufgebaut (Abb. 11a). Die einfache Kreuzung einer Senkrechten und einer Waagerechten ist nicht damit gemeint (Abb. 11b).

11a   11b

1. Das Zentrum wird gesetzt, und mit geraden Linien führt die Bewegung zielstrebig in alle Richtungen.

2. Die Bewegung schwingt hinaus in den Umkreis und kehrt zurück ins Zentrum. Die ganze Form bekommt dadurch eine harmonische Geschlossenheit.

Als betonendes Element ist hier nicht die Fläche einzusetzen, sondern es ist eher ein Farbenwechsel von einem zum anderen Schritt anzuraten. Die Formen werden vom Zentrum her aufgebaut. Aus den wechselnden Zahlenverhältnissen ergeben sich die Schwierigkeitsgrade einer Form.

  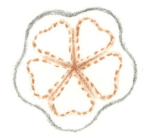

Zum Beispiel:
1. Rot die nach außen führenden Geraden

2. Hellrot, die nach außen schwingenden Bogen

3. Hellblau, eine entgegenschwingende Außenform

Weitere Beispiele:

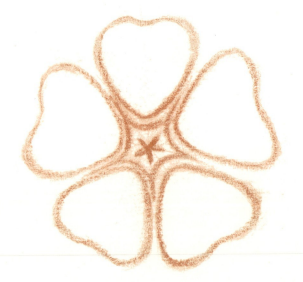 

Zusammenfassend läßt sich sagen, daß bei starken Einseitigkeiten der Temperamente das Verhältnis zur Umgebung auf besondere Weise gestört ist. Indem wir das Kind in einer bestimmten Weise zeichnen lassen, beeinflussen wir sein Verhältnis zur Umwelt.[13]

Sanguinik – Viel Erregbarkeit im Sinnesbereich, wenig Stärke des Willens.
Formen: Sie beginnen mit der fortlaufenden Bewegung: Rhythmische Gliederung der Grundelemente (Gerade und Gebogene) mit starken Zäsuren.

Melancholie – Wenig Erregbarkeit im Sinnesbereich, viel innere Stärke.
Formen: Mit gegliederten, aber in sich geschlossenen Formen beginnen. Vergleichen zwischen Innen und Außen unter Einbeziehung der hell-dunkel Fläche.

Phlegma – Wenig Erregbarkeit im Sinnesbereich, wenig Stärke des Willens.
Formen: Sie beginnen mit dem in sich geschlossenen, ungegliederten Kreis. Gliederung des Innenraums, Hervortreten der neuen Form als eigenständiges Gebilde, gegebenenfalls unter Einbeziehung der Flächenbildung.

Cholerik – Viel Erregbarkeit im Sinnesbereich, viel Stärke des Willens.
Formen: Zielgerichtete Bewegung vom Zentrum zum Umkreis (Gerade). Differenzierungen der Umkreisformen (Gebogene).

Immer häufiger treten heutzutage Bewegungshemmungen bei den Kindern auf. Das läßt sich korrigieren, wenn viel an der Tafel gezeichnet wird. Im Stehen, vor der Tafel oder dem Blatt, kann jede Bewegung freier schwingen. Dabei sollte eine leichte Strichführung geübt werden, sie fördert das Miterleben der Linienbewegung. In besonderen Fällen werden das Formenzeichnen und die Heileurythmie therapeutisch eingesetzt.

Die gezeichneten Formen sprechen von der erlebten Bewegung, und das Formenschaffen wirkt in seelisches Erleben. Wird diese Wechselbeziehung vom Erziehenden beachtet und geübt, so entsteht in ihm die Fähigkeit, für ein bestimmtes Kind oder eine Kindergruppe selbst Formen zu entwickeln. Für alle vier Gruppen lassen sich die Formen natürlich vielfältig variieren. Nach dem zehnten Lebensjahr kann sie der Klassenlehrer an Beispielen der Naturkunde, in den Kulturepochen und in der Mathematik ihrer Gesetzmäßigkeit nach wieder aufgreifen, so daß sie vor den Kindern verwandelt erscheinen und neu entdeckt werden können.

Dynamisches Zeichnen in der Heilpädagogik

In gleicher Weise wie Paul Klee im Zeichnen den Akzent nicht auf das «Form-Ende», sondern auf das «Formende» legte, hat Hermann Kirchner sein dynamisches Zeichnen aus der Bewegung heraus entwickelt. Er betrachtet die Linie nicht als Kontur, als Begrenzung eines Gesehenen, sondern als Ausdruck eines Werdens, als Spur der Bewegung. Das entspricht ganz der Auffassung Goethes: «Nicht das Fertiggewordene betrachten, dieses entspricht nicht mehr ganz der Idee, die sich in ihm ausspricht, wir müssen auf das Werden zurückgehen.» Auf diesem Wege suchte Klee «vom Vorbildlichen zum Urbildlichen» vorzustoßen, um letzten Endes durch die Form in die «Werkstatt der Schöpfung» hineinschauen zu können.

Heilende Wirkung der Form

Vom Eindringen in das Urbildliche der Form ist auch Hermann Kirchner ausgegangen, als er mit seinem dynamischen Zeichnen eine Therapie aufbaute. Lange bevor man in der Heilpädagogik mit künstlerischen Mitteln zu heilen versuchte, gelang es ihm, mit Hilfe der zeichnerischen Form seelisch ausgleichend und in vielen Fällen auch heilend auf behinderte Kinder einzuwirken.
Durch sein eigenes künstlerisches Bemühen vermochte er immer tiefer in das Wesen der Form einzudringen und mit ihrer Wirkung heilende Kräfte zu wecken. Die so entstandene Therapie ist aber nur ein Anfang auf einem verheißungsvollen Weg und müßte in Zukunft zu ihrer vollen Entfaltung gebracht werden.

Diagnose

Der Therapie hat die Diagnose vorauszugehen. Hermann Kirchner sucht sie aus Kinderzeichnungen zu ergründen, die nicht aus der Absicht entstehen, Wahrgenommenes oder Vorgestelltes abzubilden, sondern sich mehr aus spontanen Regungen der Seelenverfassung des Kindes heraus ergeben. Es handelt sich um Liniengebilde, die aus einem inneren Gestaltungsdrang entstehen und dadurch eine eigene, individuelle Prägung aufweisen. Solche mehr aus inneren Seelensituationen als aus äußeren Eindrücken entstehende Zeichnungen vermögen Bedeutsames über das Wesen und die Besonderheiten des Kindes auszusagen. Sie können uns Einblick in die Eigenheiten seines seelischen Zustandes gewähren und lassen uns Behinderungen und Störungen erkennen. Neben verschiedenartig ausgeprägten Behinderungen einzelner Kinder hat sich Kirchner mit der Diagnose und Therapie der fünf Krankheitsfälle befaßt, die von R. Steiner in seinem Heilpädagogischen Kurs[1] besprochen werden.

Maniakalie

Unter dieser heute nicht mehr üblichen Bezeichnung hat Rudolf Steiner das Verhalten motorisch gestörter Kinder verstanden. Über ihre besonderen Schwierigkeiten ist zu sagen: Sie fallen auf durch einen überbordenden Bewegungsdrang, der ohne jeden intentionalen Bezug ins Sinnlose, ins Chaotische ausufern kann. Dieses übermäßige Ausfließen der Kinder verursacht eine Schwächung der Sinne, eine Herabminderung der Fähigkeit zur Hingabe, zur Teilnahme, zu Geduld und Ausdauer. Das Übermaß von überflutenden Bewegungen kommt durch einen vom Ich nicht genügend gelenkten Bewegungsdrang zustande.

1   2

Fragen wir, wie Maniakalie beim spontanen Heraussetzen zeichnerischer Formen in Erscheinung tritt, fallen in der Vielfalt der Äußerungsweisen vor allem folgende Merkmale auf: wild bewegte, zusammenhängend gezeichnete Linienzüge, wenige Unterbrechungen, viele Richtungsänderungen und Durchkreuzungen.

Bei den beiden voranstehenden Zeichnungen handelt es sich um zwei spontan entstandene (Abb. 1 und 2) und bei den zwei nachfolgenden um bewußter gestaltete (Abb. 3 und 4) Beispiele.[2]

3   4

Schwachsinn

Im Gegensatz zu den allzusehr ausfließenden Kindern gibt es auch solche, denen es aus unterschiedlichen Gründen schwerfällt, aus sich herauszukommen. Es sind die in den Sinnen Schwachen. Sie haben Mühe, mit dem Ich und ihren Seelenfähigkeiten die verhärtete Leiblichkeit zu durchdringen und können sich nur schwer durch die Tore der Sinne mit der Außenwelt verbinden. Sie fallen auf durch etwas Brütendes, stark in sich Versunkenes, durch ihr lastendes, glotzendes Wesen.

Ihre Zeichnungen erkennt man an den einfachen, leicht überschaubaren Formen. Diese stehen vorwiegend nebeneinander, ohne sich durch ein Miteinander zu einem Ganzen zu verbinden. Die Linien sind häufig unterbrochen und vermeiden komplizierte, vor allem sich überschneidende Richtungen, wie es auf den beiden nachfolgenden Abbildungen 5 und 6 in Erscheinung tritt. In Nummer 6 ist die Behinderung schon zum Teil überwunden.

 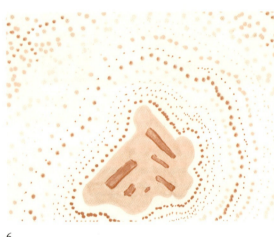

5   6

Kindliche Hysterie

Als weitere Störung im Seelenleben des Kindes schildert R. Steiner im Heilpädagogischen Kurs die kindliche Hysterie. In ihr zeigt sich, im Unterschied zum Schwachsinn, eine allzu starke Durchlässigkeit des Leibes. Es ist ein übermäßiges Ausfließen zu beobachten, was auch Begleiterscheinungen wie feuchte Hände und Bettnässen zur Folge haben kann. Der Seelenleib, der die Empfindung von Schmerz und Lust und damit das Erleben von Freuden und Leiden vermittelt, ist ohne genügenden Schutz zu sehr der Außenwelt ausgeliefert. Dadurch entsteht eine übermäßige Verletzbarkeit, die das wundgewordene Kind veranlaßt, sich aus der allzu starken Öffnung nach außen auf sich selbst zurückzuziehen. Weil es den erlebten Schmerz fast nicht überwinden kann, fällt es ihm schwer, sich in neue Zuwendungen hineinzuwagen. Das zu starke Ausfließen kann auch dazu führen, daß das Kind außer sich gerät und in einer tyrannisierenden Weise seinen Willen durchzusetzen

7 8

sucht. Gleichzeitig kann es aber auf eine geringfügige Ermahnung hin tief beleidigt reagieren.

Der äußeren Erscheinung nach ist die kindliche Hysterie vorwiegend an folgenden Merkmalen zu erkennen: zarter, graziler Körperbau, dünne Haut, scheuer Blick, leise Stimme, große Sensibilität.

In den Zeichnungen solcher Kinder zeigt sich deutlich die Tendenz des Zerrinnens. Die Linien bewegen sich oft in weitgehend gleichbleibenden, von der Mitte des Blattes ausgehenden und bis an den Rand führenden Formen. Das ausfließende Aneinanderreihen von immer wieder gleichen oder ähnlichen Motiven in den Abbildungen 7 und 8 ist ein typisches Merkmal der kindlichen Hysterie.

Epilepsie

Wie sich in der kindlichen Hysterie der Seelenleib und das Ich zu stark mit der Umwelt verbinden, hat das epileptische Kind Mühe, sich mit der nötigen Wachheit nach außen zu öffnen. Dadurch entstehen Stauungen, die sich steigern und letzten Endes im Anfall durchbrechen. Bedingt durch die Behinderung im Kontakt nach außen entfaltet sich ein Leben nach innen, das dem seelischen Verhalten des Melancholikers zu vergleichen ist.

Im Zeichnen sind die Formen oft reich gegliedert, was auf differenziertes Innenleben schließen läßt. Es zeigt sich eine große Hingabe in der zeichnerischen Gestaltung, jedoch eine ebenso große Beziehungslosigkeit zur Außenwelt.

Die Zeichnungen fallen auf durch ein isoliertes Nebeneinander von immer wieder gleichen oder ähnlichen Formen, in welchen alle sich überschneidenden Linienführungen gemieden werden (Abb. 9 und 10). Das offensichtliche Nebeneinander in der zeichnerischen Anordnung und das Fehlen von Überkreuzungen hängen mit dem abgekapselten Wesen des Epileptikers zusammen.

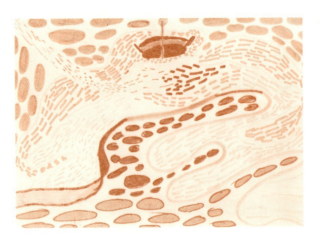 

9   10

Zwanghaftes Vorstellen und Vergeßlichkeit

Das Vergessenkönnen und die Erinnerungsfähigkeit sind zwei wichtige Voraussetzungen zu einem gesunden Seelenleben. Das Vergessenkönnen hat es mit dem Absinken von Vorstellungen aus dem Bewußtsein ins Unbewußte und das Erinnern mit ihrem Aufsteigen aus dem Unbewußten ins Bewußtsein zu tun. Nun können in bezug auf das Absinken und Wiederaufsteigen von Eindrücken Schwierigkeiten entstehen, wobei das Nichtvergessenkönnen zu Zwangsvorstellungen und das Nichterinnernkönnen zu einer übermäßigen Vergeßlichkeit führt. Die Vergeßlichkeit zeigt sich darin, daß ins Unbewußte abgesunkene Vorstellungen nur mit großer Mühe oder gar nicht mehr ins Bewußtsein heraufzuheben sind. Bei Zwangsvorstellungen ist zu beobachten, daß die Vorstellungen nicht ins Vergessen absinken können, sondern dem Zwang unterstehen, immer wieder ohne sinnvollen Zusammenhang im Bewußtsein aufzutauchen und sich der Seele in vergewaltigender Weise aufzudrängen.

Nach R. Steiners Ausführungen im Heilpädagogischen Kurs stehen das Zwanghafte wie die Vergeßlichkeit mit der Beschaffenheit des Körpereiweißes, genauer gesagt, mit seinem Schwefelgehalt im Zusammenhang. Vermehrter Schwefelgehalt veranlaßt das Eiweiß, heruntersinkende Eindrücke in einer Weise zu absorbieren, daß sie nur schwer oder gar nicht mehr ins Bewußtsein aufsteigen können. Im Gegensatz dazu können die Eindrücke bei schwachem Schwefel- und zusätzlichen Eisengehalt nicht richtig absinken, wodurch das Zwanghafte entsteht.

Neben Diät, medikamentöser Behandlung und verschiedenen Therapien versucht man, dem Zwanghaften und der Vergeßlichkeit auch durch das dynamische Zeichnen entgegenzuwirken. Das setzt aber voraus, das Krankhafte an entsprechenden Symptomen zu erkennen.

Die Zeichnungen der «schwefelarmen» Kinder (Abb. 11) fallen auf durch eine Vorliebe für symmetrische Anordnungen, durch immer wieder gleiche, oft auf das Technische und Schematische hintendierende Formen. Die Neigung zur Wiederholung gleicher Formen verweist auf innere Zwänge. Es wird vorwiegend aus dem Kopf

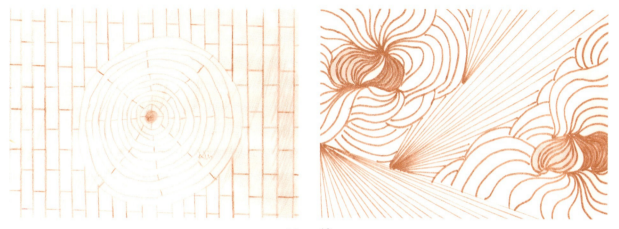

11 12

gezeichnet. Von frei gestaltender Phantasie ist nicht viel zu bemerken. Zeichnungen mit mehr verstrahlender Dynamik und freierer Gestaltung (Abb. 12) scheinen für «schwefelreiche» Kinder typisch zu sein.

Neben der therapeutischen Behandlung der fünf Krankheitsfälle, über die hier in Anlehnung an R. Steiners und H. Kirchners Ausführungen nur andeutungsweise berichtet wird, versuchte H. Kirchner in seiner jahrzehntelangen heilpädagogischen Tätigkeit mit immer wieder neu entwickelten Formen der Vielfalt von Behinderungen seiner Schüler entgegenzuwirken.

Die Wellenlinie

Er ist von einer regelmäßigen, von links nach rechts verlaufenden Wellenlinie ausgegangen.

In den nach oben sich wölbenden und nach unten sich öffnenden Bögen sieht Kirchner einen steten Wechsel zwischen dem schwellenden und dem saugenden Prinzip, anders gesagt: zwischen sich ausdehnender und sich zusammenziehender Bewegung.

Statt am Ende des ersten Bogens nach links zum Ausgangspunkt zurückzukehren und einen Kreis zu bilden, schließen wir rechts einen zweiten Bogen an, der das Kind nicht umhüllt, sondern ihm entgegensteht und nach außen geöffnet ist, wo er auch seinen Mittelpunkt hat.

Natürlich müssen vor dem Zeichnen der Wellenlinie die Bögen einzeln geübt werden. Es erweist sich als hilfreich, die Schüler zu veranlassen, sie vor dem Zeichnen abzuschreiten und mit der Hand in der Luft zu formen. Erst nachdem die Bewegungen möglichst vielseitig erlebt worden sind, geht man daran, sie groß auf nicht zu glatte, eher etwas körnige, poröse, leicht saugfähige Blätter zu zeichnen. Es ist wichtig, einen weichen, eher etwas gerundeten als allzu spitzen Stift zu wählen, was dem Kind ermöglicht, sich tastend in die sich allmählich zu Formen verdichtenden Linien hineinzubewegen. Dieses behutsame Durchtasten der eigenen Bewegung ist wichtig, weil sie nur so allmählich zu einer vom Empfinden und Fühlen durchpulsten Form führen kann. Sobald der Strich zu dick, zu fest wird, müssen wir Übungen finden, um ihn beschwingter, atmender, klingender werden zu lassen im Sinne Goethes: Im Zeichnen musizieren wir unsere Seele in die Form hinein.

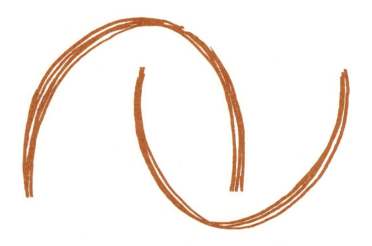

Form als Ausgleich zwischen Innen- und Außenwelt

Die Frage, warum Kirchner in seinem dynamischen Zeichen von der Wellenlinie ausgegangen ist, beantwortet sich am eindrücklichsten, wenn wir Bogen für Bogen groß an die Wandtafel zeichnen und dabei den eigenen Arm als Radius erleben. Die Bögen, in welchen wir uns als Mittelpunkt empfinden, fallen uns leichter als diejenigen, die nach oben geöffnet sind, einen außerhalb von uns liegenden Mittelpunkt haben und sich uns eher entgegenstemmen, als daß sie uns umschließen würden. Im Nacheinander solcher Bögen kann die Wellenlinie auch als ein Ein- und Ausatmen, als rhythmischer Wechsel zwischen innen und außen empfunden werden.

Der Ausgleich zwischen innen und außen ist nicht nur im Hinblick auf die Atmung unseres Leibes wichtig. Wir sind auch in unserem Seelenleben auf ein gesundes Atmen, das heißt auf einen harmonischen Ausgleich zwischen innen und außen angewiesen, und es entstehen Störungen, wenn dieser Ausgleich durch Umwelteinflüsse oder durch angeborene Behinderungen erschwert wird. Durch das Zeichnen mehr verinnerlichender oder mehr ausfließender, enthemmender, befreiender Formen kann beim Schüler auf sein Gleichmaß zwischen innen und außen eingewirkt werden.

Auch in der Lemniskate wirken abwechslungsweise das schwellende und das saugende Formprinzip. Der Übergang von einem Bogen zum andern bildet eine Schwelle, die überschritten werden muß.

Fehlt dem Kind der Ausgleich zwischen dem Insichsein und der Öffnung nach außen, wird ihm das Zeichnen von Wellenlinien und Lemniskaten schwer fallen. Das Überschreiten der Schwelle zwischen innen und außen bereitet ihm erhebliche Schwierigkeiten. Doch kann gerade das Bemühen um solche Formen ausgleichend auf die gestörte Harmonie einwirken.

Wenn im Zeichnen immer neu um eine dem Kinde schwerfallende Form gerungen wird, können krankhafte Veranlagungen und durch Umwelteinflüsse entstandene Störungen mehr oder weniger überwunden werden. Das ist aber nur möglich, wenn der Lehrer dem Schüler hilft, seine Bewegungen überwachen und lenken zu lernen. Der Schüler wird veranlaßt, Formen nachzugestalten, die seinen Behinderungen entgegenstehen. Durch kontinuierliches Üben wird es ihm gelingen, diese allmählich abzubauen.

Fließt zum Beispiel ein überbewegliches Kind aus seiner hektischen Motorik allzu sehr in seine Umwelt aus, wird den oft ganz halt- und sinnlosen Bewegungsabläufen durch konzentrierende Formen entgegengewirkt. Es muß lernen, seine Bewegungen vom Ich aus entschiedener zu lenken und zu steuern. Um dieses Lenken und Steuern zu üben, können zum Beispiel die Bögen der Wellenlinie in immer stärkere Aus- und Einbuchtungen hineingestaltet werden, bis sie sich gegenseitig berühren und letzten Endes sogar überschneiden.

Durch eine Folge von solchen Übungen wird der in der Bewegung und Formgestaltung sich entfaltende Wille immer entschiedener aus der lenkenden Kraft des Ich gesteuert. So kann dem allzu formlosen Ausfließen entgegengewirkt werden.

Den Kindern, die sich mit ihren Sinnen und ihrem Seelenleben zu stark nach außen öffnen, stehen die in irgend einer Weise Befangenen gegenüber. Diese sind im Sinne der geschilderten Krankheitsfälle in der Entfaltung ihrer Fähigkeiten beeinträchtigt. Es fällt ihnen schwer, sich nach außen zu öffnen und mit der Umwelt zu verbinden. Wie Kirchner den krankhaften Erscheinungen im dynamischen Zeichnen entgegenzuwirken versuchte, beschreibt er im Sammelband «Heilende Erziehung»[3] und in dem schon erwähnten Buch «Die Bewegungshieroglyphe als Spiegel von Krankheitsbildern».

Dynamisches Zeichnen in Normalklassen

Das dynamische Zeichnen läßt sich auch in Normalklassen anwenden und weiter ausbauen. Wenn wir nicht von gegenständlichen, sondern von freien, elementaren Formen ausgehen, fällt es dem Schüler leichter, seine zeichnerischen Gestaltungen aus der sie hervorbringenden Bewegung zu erleben. Ein solches Zeichnen entspricht seinem aus dem Spielerischen heraus drängenden Bedürfnis nach Gestaltung und Umgestaltung.

Wie in der Kunst unseres Jahrhunderts aus verschiedensten Gründen angefangen wurde, nicht mehr vorwiegend vom Motiv, sondern von den bildenden Mitteln, von Gestaltungselementen auszugehen, empfiehlt es sich aus menschenkundlichen Gründen, auch im Zeichnen der ersten Schuljahre mit einfachen Formgebärden zu beginnen. Man bewegt sich übend durch die Senkrechte, die Waagrechte, die Schrägen, durch gerundete, sich verdichtende, sich ausbreitende und in mannigfaltiger Weise rhythmisch gegliederte Formen. Dadurch verbindet man sich mit der Vielfalt von Gestaltungsprozessen, wie sie überall im Bereich des Lebendigen und des Unbelebten wirksam sind.

In einem solchen Zeichnen ist der Schüler so eng mit der entstehenden Form verbunden, daß er sich mit seiner ganzen Innerlichkeit in sie hineingestalten kann. Es entsteht aber auch eine Wirkung in entgegengesetzter Richtung: Die Form wirkt auf die Seele zurück und bildet in ihr bestimmte Fähigkeiten heran. Beim Heranbilden dieser Fähigkeiten ist es nötig, sich darüber klar zu werden, welche Formen auf den Willen, welche mehr auf das Gefühl und welche vorwiegend auf den Vorstellungsbereich wirken.

Obwohl die Grenzen fließend sind und auch mit übergreifenden Wirkungen zu rechnen ist, müssen wir herausfinden, wie Formen beschaffen sein müssen, um in einer bestimmten Weise auf das seelische Gefüge einzuwirken. Allmählich wird zu bemerken sein, wie die Seele auf die Form, die Form auf die Seele wirkt und wie der Schüler durch die wechselseitigen Wirkungen im Zeichnen und auch im Denken, Fühlen und Wollen geübt und gefördert wird.

Nachdem er die elementaren Formen schon im ersten Schuljahr in eindrücklicher Weise erlebt und seither in vielen Verbindungen geübt hat (siehe das Kapitel «Rudolf Steiners Lehrplanangaben für das Formenzeichen...»), veranlassen wir ihn, sie fortlaufend in Bändern zu zeichnen. Das geschieht in ähnlicher Weise, wie wir es aus den Ornamenten alter Kulturen kennen.

Die Wiederholung immer wieder gleicher Formen ist wichtig, weil nur so das Heranbilden von Fähigkeiten zustandekommen kann; denn alles Wachsen und Werden ist an die Kontinuität von sich stets neu vollziehenden Prozessen gebunden. Bevor die Formen reihenweise in Friesen gezeichnet werden, sind sie in großer Ausgestaltung einzeln zu üben.

Formen mit einfacher grader, senkrecht und waagrecht verlaufender Linienführung

Geradlinig verlaufende Formen fordern, im Gegensatz zu gerundeten, eine präzise, sich immer gleichbleibende, aus dem lenkenden Ich heraus gesteuerte Linienführung. Bei jeder Richtungsänderung kommt die Bewegung für einen Augenblick zum Stillstand, während im Bewußtsein erhöhte Wachheit entsteht. Beim Zeichnen, aber auch schon beim Betrachten solcher Formen wird erlebbar, wie gerade verlaufende Linienzüge eine bewußtseinserhellende Wirkung haben, während in gerundeten Gebilden mehr der Wille zur Entfaltung kommt.

Werden die Senkrechten oder Waagrechten überbetont, empfindet der Schüler mit wachsender Eindrücklichkeit die unterschiedliche Qualität der beiden Richtungen.

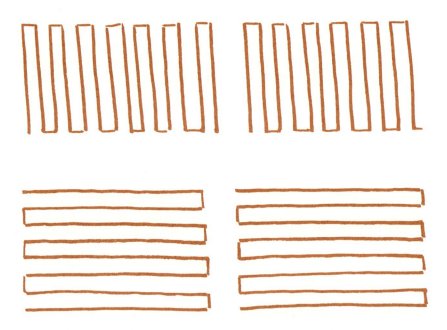

Das Üben der beiden Richtungen im nachstehenden Band trägt dazu bei, den Unterschied zwischen senkrecht und waagrecht eindrücklicher zu erleben.

Taucht man mit seinem Ich in die Gestaltung der Linien ein, statt sie nur von außen in seinem Vorstellungsbereich zu erfassen, kann man den Wechsel zwischen den sich ausweitenden und den sich verengenden Flächen der nachstehenden Übungen wie einen Atmungsprozeß erleben. Durch den ständigen Wechsel zwischen Ausweitung und Verengung kommt mehr Dynamik in die stark geometrisch gefügten Formen hinein.

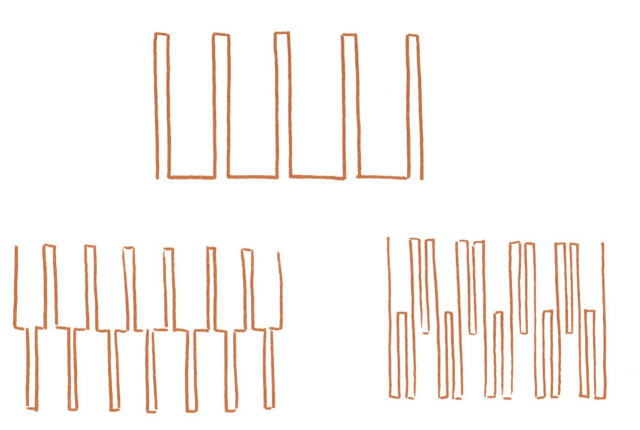

Im Gegensatz zur Betonung der Senkrechten ist die nachstehende Übung ganz auf die Waagrechte ausgerichtet.

Wenn wir die Senkrechten und Waagrechten einander angleichen, bilden sich, im Unterschied zu den extrem rechteckförmigen Gestaltungen in den vorangehenden Bändern, Vierecke, die sich dem Quadrat annähern.

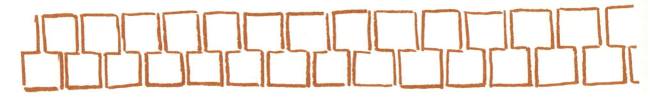

Durch die Überschneidung einzelner Linien werden die Bewegungsabläufe komplizierter. Das Entstehen der Formen muß mit vermehrter Bewußtseinsklarheit überwacht und gelenkt werden. Das ist umso nötiger, als auch das Entstehen symmetrischer Bildungen gesteigerte Bewußtseinskräfte und eine sichere Lenkung der Linienführung erfordert.

In den vier folgenden Bändern wird die vorangegangene Übung so abgewandelt, daß zuerst die Senkrechte, dann die Waagrechte dominiert.

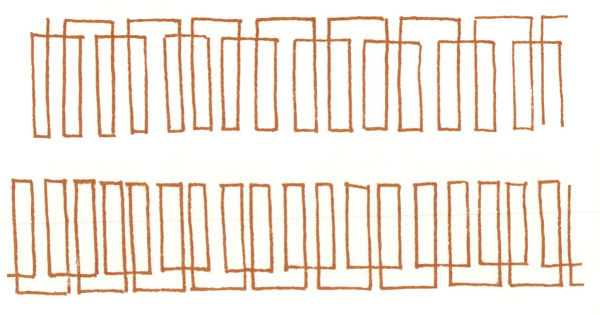

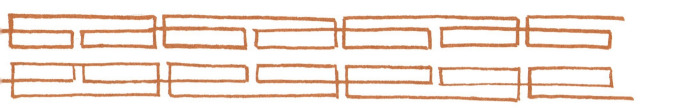

Formen mit schräger, waagrechter und senkrechter Linienführung

Mit der Schrägen kommt eine neue Formqualität in die Zeichnungen hinein. Die Bewegungsrichtung ist nicht mehr endgültig festgelegt wie bei der Senkrechten und Waagrechten. Sie bewegt sich zwischen den beiden und kann steiler oder flacher verlaufen.

Die gleichmäßigen Schrägen in der nachstehenden Übung werden in der sich anschließenden Reihe zu steilen und zu flachen Schrägen abgewandelt.

Die schrägen und waagrechten Linien führen abwechslungsweise zur Andeutung von nach oben und nach unten sich ausweitenden gleichschenkligen Trapezen. Rhythmisiert man den Bewegungsablauf in trochäischer Weise, indem man die Waagrechten als Längen und die Schrägen als Kürzen zählt, ist dieser leichter zu bewältigen.

Aus dem Rhythmus kurz lang lang (υ – –) lassen sich abwechslungweise nach oben und nach unten zugespitzte gleichschenklige Dreiecke bilden, deren Basis in der Mitte nicht ganz geschlossen ist.

Aus demselben Rhythmus entstehen andeutungsweise große und an ihrer Basis zugleich auch kleine gleichschenklige Dreiecke.
In der zweiten Reihe wird die symmetrische Ergänzung nach unten gebildet.

Geht man von dieser Ergänzung aus und sucht eine weitere Ergänzung nach unten, ergibt sich nachstehende Variante.

Die beiden voranstehenden Bänder können zu einem einzigen zusammengefaßt werden.

Nach drei vorwärts verlaufenden Schrägen kommt in rückläufiger Bewegung immer wieder eine Waagrechte in den Bewegungsablauf hinein. Die beruhigende Wirkung dieser Waagrechten bringt vermehrte Klarheit in den nicht leicht überblickbaren Linienverlauf des Musters.

Durch die in verschiedenen Schrägen und Symmetrien verlaufende Übung wird die lenkende Kraft des Ich stark gefordert, besonders wenn das obere Band symmetrisch durch das untere ergänzt wird.

Die Überschneidungen lassen den Bewegungsablauf noch komplizierter werden. Man erlebt dabei, wie die Linienverläufe und Symmetriebildungen die heute oft abgestumpfte Wahrnehmungsfähigkeit zu aktivieren vermögen, was bei der zunehmenden Wahrnehmungsblindheit immer nötiger wird.

Solche Übungen fördern die Konzentrationsfähigkeit im Wahrnehmen und Denken, müssen aber vorsichtig dosiert werden, damit sie nicht in eine Versteifung hineinführen.

Kommt zur schrägen und waagrechten Linienführung auch noch die senkrechte hinzu, lassen sich in vielfältiger Weise, auch durch die Kinder, weitere Übungsformen finden. Dadurch wird die Phantasieentfaltung angeregt und gleichzeitig im Gestalten und Überschauen von schwieriger werdenden Formen die Beweglichkeit des Denkens geübt.

Regelmäßiger Wechsel zwischen vier großen und vier kleinen Bewegungen.

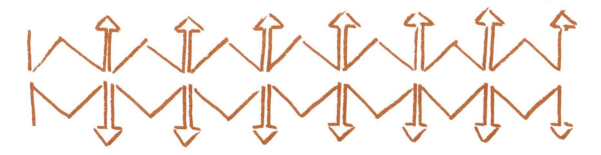

Regelmäßiger Wechsel zwischen vier großen und drei kleinen Bewegungen. Es kommen zu den vielen Richtungsänderungen auch noch Überschneidungen hinzu, was eine erhöhte Wachheit erfordert.

Die rhythmische Gliederung des Bewegungsablaufes besteht darin, daß sich zwischen die einzelnen Schrägen und die einzelnen Senkrechten stets eine Waagrechte einfügt.

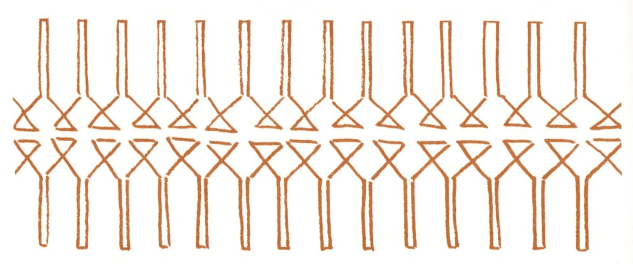

Die rhythmische Gliederung besteht im regelmäßigen Wechsel zwischen waagrecht verbundenen Schrägen und waagrecht verbundenen Senkrechten.

Formen mit gerundeter Linienführung

Eine befreiende, vorwiegend aus dem Willen herauswirkende und ihn gleichzeitig kräftigende Belebung entsteht durch Formen, die sich in Rundungen entfalten. Gelingt es schüchternen, zaghaften, innerlich gehemmten Kindern, sich mit einer gewissen Beschwingtheit in kühne Rundungen hineinzuwagen, kann dies ihre zeichnerischen Fähigkeiten günstig beeinflussen und auch seelisch eine ermutigende Wirkung erzeugen. Für den Lehrer und auch für den Schüler wird es aufschlußreich sein, die Wirkung der nachstehenden Formen wahrnehmend und dann auch zeichnend an sich zu erleben.

Die abwechslungsweise breit auslaufende, dann sich verengende und in einer Schleife sich kreuzende Linienführung ist wie ein Wechsel zwischen Aus- und Einatmen zu empfinden.

Die Dynamik des Schwingens kann in nach außen und nach innen sich fortsetzenden Bögen weitergeführt werden.

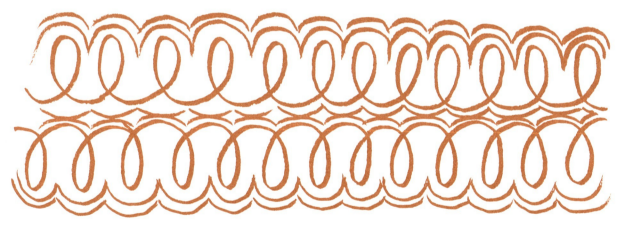

Auch die folgenden Formen sind vorwiegend aus der Dynamik des Aus- und Einbuchtens entstanden. Die sich bildenden Symmetrien bringen eine dem Wohlklang der Musik vergleichbare Harmonie in den Bewegungsablauf hinein. Beim Entstehen der Formen kommt, über den frei dahinschwingenden Willen hinaus, durch die rhythmische Gliederung auch ein gefühlsmäßiges Erleben zustande.

Werden Ein- und Ausbuchtung stärker betont, beginnt sich die Form nach der Spirale hin zu bewegen.

Hier kommt die Dynamik des Aus- und Einbuchtens besonders stark zur Entfaltung, wodurch der Eindruck eines wachstümlich Bewegten entsteht.

Entsteht in der Einbuchtung durch Überkreuzung eine Schleife, verlieren die Formen ihre Offenheit und wenden sich vermehrt nach innen.

Während sich im vorausgehenden Band die Formen vorwiegend in der Ausbuchtung bewegen, kommt in den beiden folgenden Bändern die Einbuchtung hinzu.

Wechsel zwischen großen und kleinen Bögen

In der nachfolgenden Reihe werden die großen und kleinen Bögen der oberen Reihe werden durch die untere Reihe andeutungsweise zu großen und kleinen Kreisen ergänzt.

Die Gestaltung wird nach außen und innen fortgesetzt.

Ein aus immer steiler werdenden Wellen entstehendes Gebilde mit symmetrischer Ergänzung nach unten.

Eine freie Gestaltung aus dem Lemniskatenmotiv.

Dynamisch stark bewegte Ausgestaltung einfacher Schleifen.

Formen mit grader und gerundeter Linienführung

Werden geradlinig verlaufende Formen mit runden verbunden, entsteht durch das Ineinanderwirken der beiden Formprinzipien eine seelisch ausgleichende, vorwiegend das Gefühl ansprechende Wirkung.

Wir beginnen mit einer steigenden Senkrechten, bewegen uns in einer kurzen Waagrechten rückläufig nach links, um anschließend zu einem nach unten ausschwingenden Halbkreis auszuholen. Dann wird nach einer kurzen rückläufigen Waagrechten und einer etwas längeren absinkenden Senkrechten zu einer markanten, nach rechts verlaufenden Waagrechten angesetzt. Anschließend wird die Figur in einem nach rechts sich hinziehenden Band fortlaufend wiederholt. Neben dem wohltuenden Wechsel in der Liniendynamik trägt auch der beruhigende Rhythmus dazu bei, den Bewegungsablauf als etwas Harmonisches zu empfinden.

Symmetrische Ergänzung nach unten

Zusammenschluß der beiden Bänder

Wendung nach innen

Varianten mit halbierten Halbkreisen

Wendung nach außen

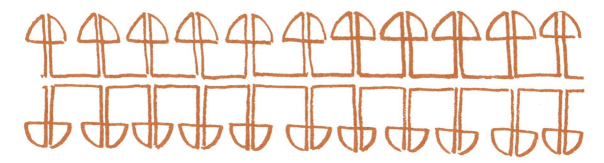

Weitere Beispiele für das Zusammenspiel von geraden und runden Formen:

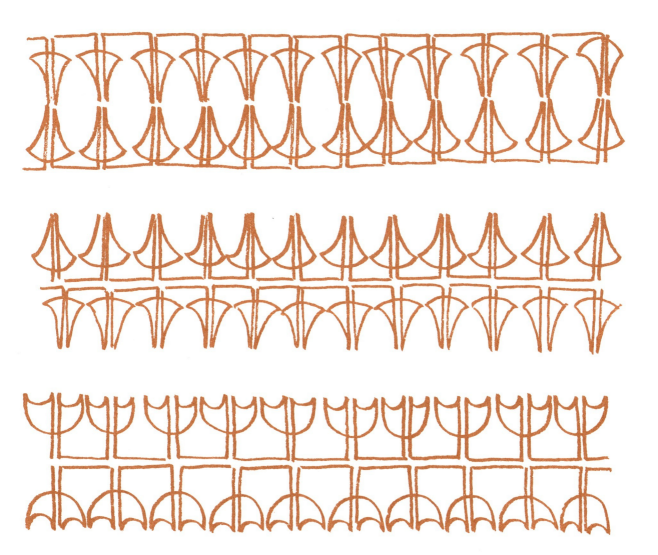

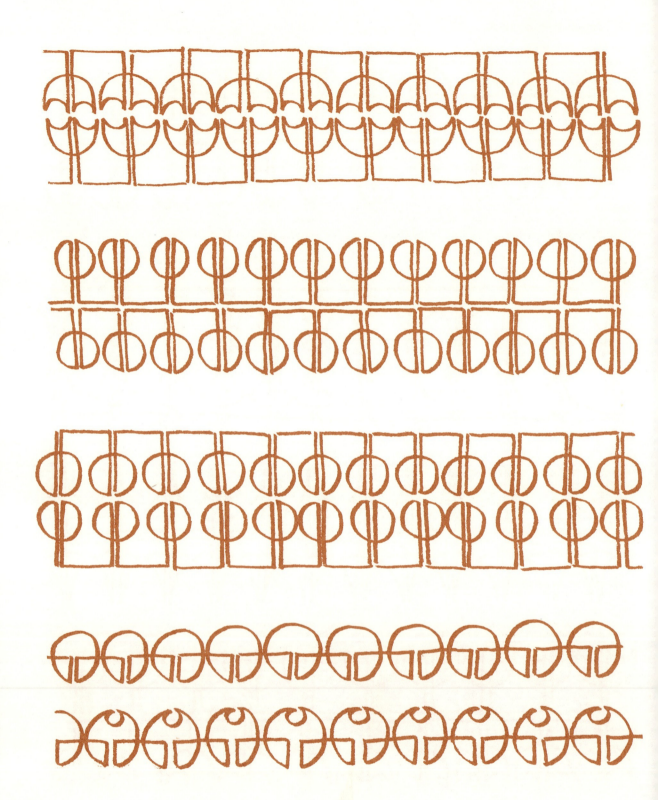

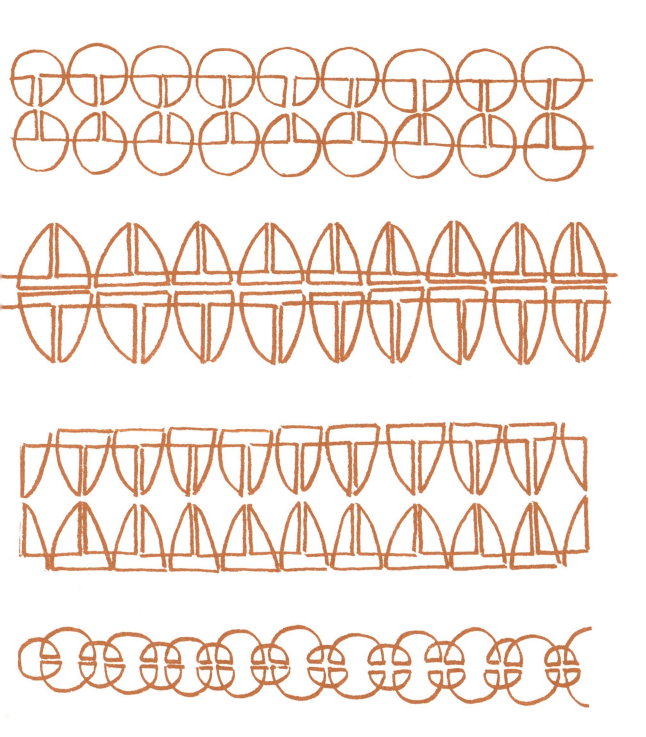

Die durch symmetrische Gliederung sich abzeichnenden Halbkreise, Kreise, Rechtecke und Quadrate in den vorausgegangenen Übungen lassen den Schüler erleben, wie Teile sich zu einem Ganzen fügen.

Anregungen zur rhythmischen Gliederung der Formen

Rhythmisierte Bewegungsabläufe, wie sie sich in auch vielen voranstehenden Figuren finden, werden mehr von der fühlenden Mitte als vom Kopf gelenkt.

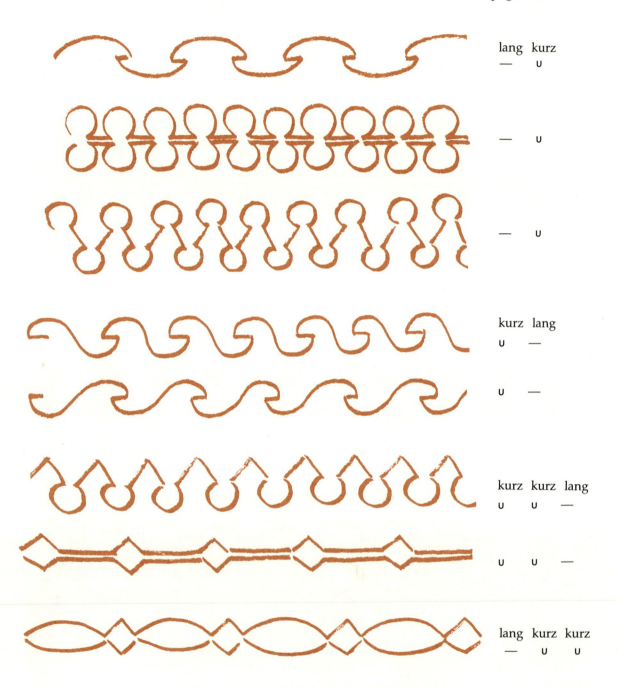

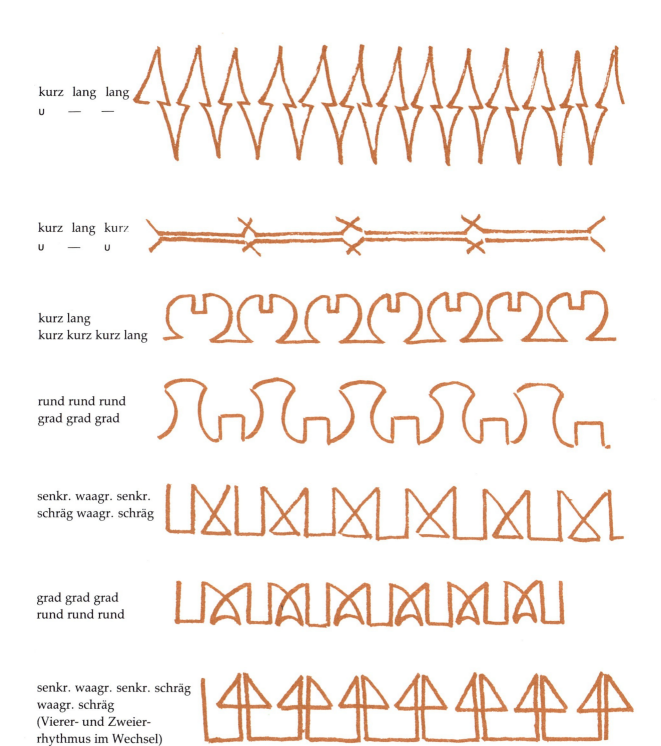

Auch viele der nachfolgenden Bänder können rhythmisiert und dadurch leichter in einen wohltuenden Bewegungsfluß gebracht werden.

Verbindungen und Abwandlungen von Formelementen

1. Gruppe

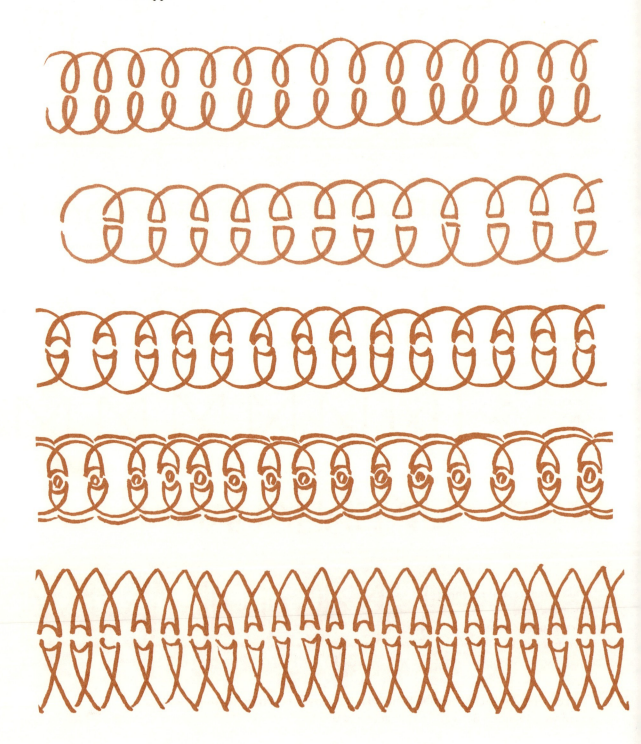

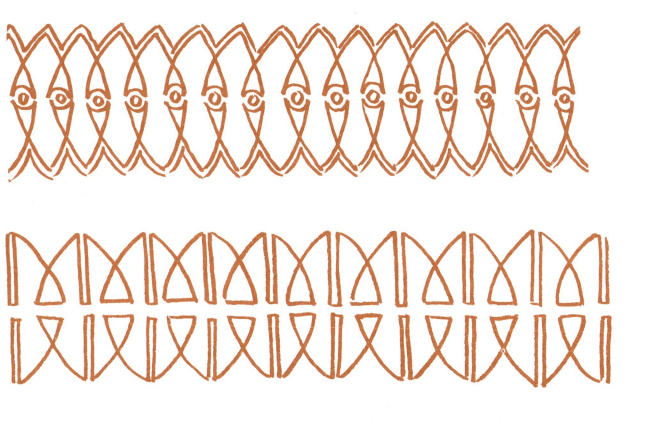

2. Gruppe
Im Wechsel zwischen je vier kurzen, ein Dreieck andeutenden Geraden und einem in ruhig strömendem Atem dahinfließenden Bogen kommt etwas harmonisch Ausgleichendes in die Bewegungsdynamik hinein.

Der Unterschied zwischen der Zickzacklinie, welche oben die eckigen Formen begleitet und der Linie, die sich unten den Bögen entlangbewegt, wird deutlich erlebbar.

Infolge der Verdoppelung des Dreiecks in der oberen Partie des Bandes wird die bewußtseinsbildende Kraft vermehrt gefordert.

Verwandeln wir das über der Kreuzung liegende Dreieck in eine Schleife, entsteht eine leichter dahinfließende, das Vorstellungsvermögen weniger beanspruchende Form.

Die Bögen in vorwärts- und die Waagrechten in rückwärtslaufender Bewegung lassen den Unterschied zwischen beschwingter und bemessener Gestaltung deutlich erleben.

Wenn das Gradlinige überwiegt und die Richtungsänderungen sich mehren, ist der Bewegungsablauf schwerer zu bewältigen.

3. Gruppe
Der Wechsel zwischen Senkrechten und halbkreisförmigen Rundungen läßt eine starke Spannung entstehen. Gleichzeitig kommt durch die rhythmische Gliederung eine harmonisch ausgleichende Wirkung zustande.

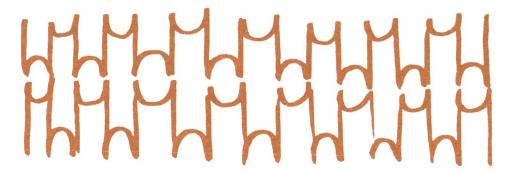

Die Gestaltung wird weiterentwickelt, was ermöglicht, den Unterschied zwischen der Senkrechten und dem Kreis besonders intensiv zu erleben.

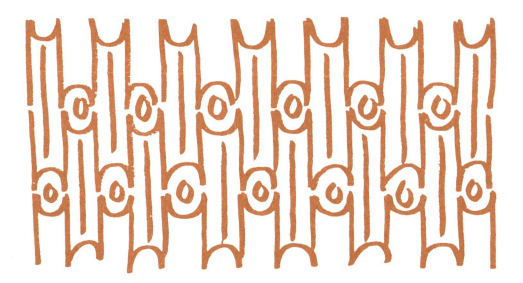

Werden die senkrecht verlaufenden Geraden schräg geführt, entsteht eine wesentlich andere Bildwirkung.

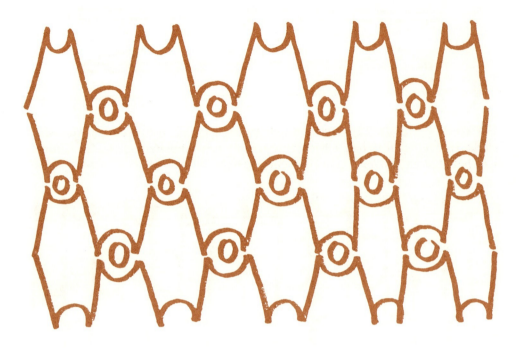

Nachstehende Übungen, die sich ebenfalls in Senkrechten und Bögen ergehen, bewegen sich zwischen großer, nach außen, und kleiner, nach innen gewendeter Linienführung. Sie bieten auch reichlich Gelegenheit, sich in der Symmetriebildung zu üben.

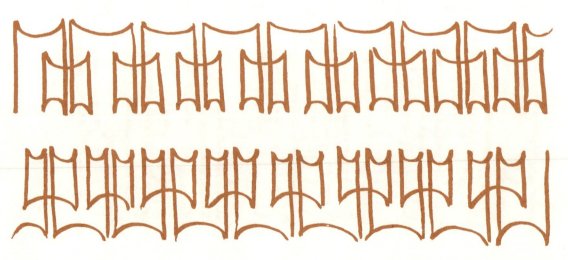

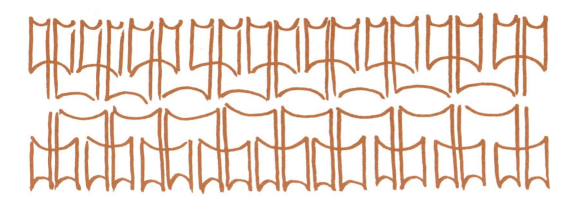

4. Gruppe
Wechsel zwischen aus- und einstülpender Gebärde.

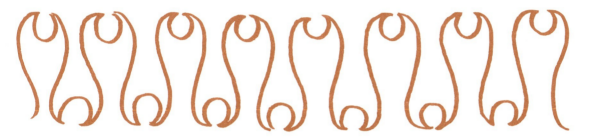

Die Gestaltung wird nach außen und nach innen fortgesetzt.

Ein- und auswickelnde Gebärde im Spiel mit Spiralen.

140

Gegenüberstellung von gleichverlaufenden Formen mit gerundeter, geradlinig – eckiger und gemischter Linienführung

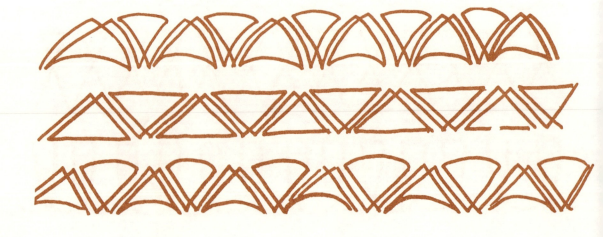

Gegenüberstellung von nach außen und nach innen gewendeten Formen

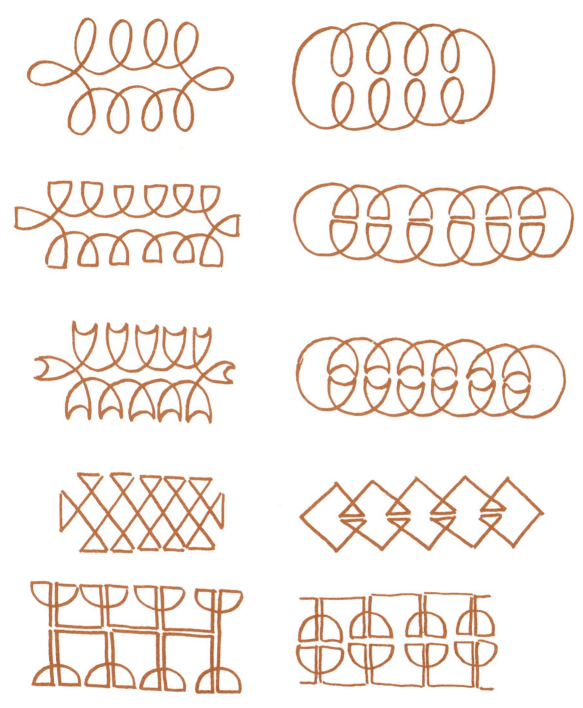

143

Rückblick

Überblicken wir die Vielfalt der vorangegangenen Übungen, kann die Auffassung entstehen, mit einem solchen Zeichnen werde man zu sehr festgelegt, es könnten sich weder Freiheit noch Kreativität entfalten.

Es geht aber in diesem Zeichnen nicht in erster Linie um das Kreative, sondern um Übungen, die Fertigkeiten und Seelenfähigkeiten zu entwickeln haben. Wie der Geigenspieler in der musikalischen Gestaltung auf Fertigkeiten angewiesen ist, die er sich in Finger- und Bogenübungen erarbeiten muß, sind auch in der zeichnerischen Gestaltung Fähigkeiten zu erwerben, die durch stetes Wiederholen geweckt und erübt werden können. Damit das kontinuierliche Üben nicht schematisch wird, muß man sich um stets neue Übungsbeispiele bemühen. Das regt die Phantasie an und vermag die Hingabe an die Formen zu intensivieren. Auch von der Verwendung verschiedener Farben kann eine belebende Wirkung ausgehen.

So lassen sich Quellen erschließen, die dem Schüler zu erstaunlichen Fähigkeiten verhelfen und gleichzeitig das Erleben der Formen zu vertiefen vermögen. Sie verlieren die ihnen im Anfang leicht anhaftende Steifheit. Es zieht, wie von einem belebenden Atem durchweht, etwas Fließendes, Schwebendes, Klingendes in sie ein.

Wie aus den bisherigen Ausführungen deutlich zu ersehen ist, dürfen die vorliegenden Übungen nicht in rezepthafter Weise nachgezeichnet werden. Es möchte vielmehr ein Weg beschrieben werden, der dem inneren Gehalt der Form gegenüber zu wecken und zu öffnen vermag. Das wird möglich, wenn die Formen aus dem Erspüren der in ihnen wirkenden Kräfte stets neu erlebt und in immer neu zu suchenden Varianten geübt werden.

Die Reihenfolge der Formen ist nicht so zu verstehen, daß sie genau im vorliegenden Aufbau geübt werden müßten. Es handelt sich mehr darum, eine Übersicht in die vielen Möglichkeiten zu bringen und anzudeuten, wie sie nach verschiedenen Gesichtspunkten miteinander in Beziehung stehen. So läßt sich leichter erkennen, in welchen pädagogischen Situationen sie besonders wirksam werden können und welchem Alter sie zugedacht sind.

Freies Gestalten im Kreis

Während des Übens der einzelnen Formen in Bändern erwacht immer mehr das Bedürfnis nach freier Gestaltung. Das Kompositionelle beginnt eine Rolle zu spielen, was man im 9./10. Lebensjahr nicht übersehen darf. Die Schüler fangen an, dem eigenen Tun gegenüber mehr Distanz zu gewinnen und im Gestalten bewußter zu werden. Das erfordert vom dynamischen Zeichnen, neben dem Üben elementarer Formen vermehrt auch zu einem freien Gestalten überzugehen. Das Nebeneinander der geübten Figuren beginnt sich allmählich auch in ein gegenseitig aufeinander abgestimmtes Miteinander zu verwandeln.

Aus einem Skizzenbuch Hermann Kirchners

Freies Gestalten aus dem 3.–5. Schuljahr

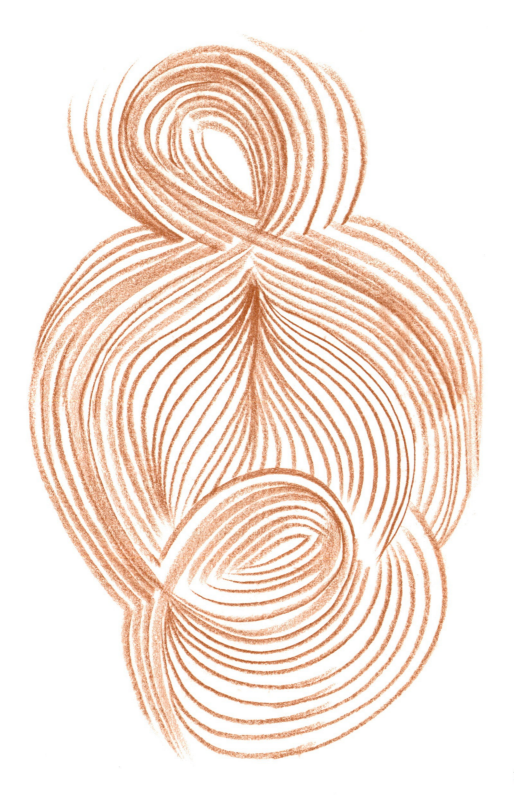

Vom dynamischen Zeichnen zu pflanzlichen Formen

Hat der Schüler im dynamischen Zeichnen erlebt, wie die Formen aus Bewegungsprozessen heraus entstehen, fällt es ihm leichter, die Gestalten der Pflanzen aus ihrem Wachsen und Werden heraus zu erspüren. Je intensiver das Eintauchen in die formgestaltenden Kräfte geübt wurde, desto leichter fällt es später, die Pflanzenformen als etwas bereits Bekanntes zu empfinden. Draußen in der Natur an den Pflanzen Formen zu erkennen, die man vorher im Formenzeichnen geübt hat, schafft Umweltkontakte, wie sie durch bloßes Betrachten nicht möglich wären. Durch solches Erleben der Formen wird der Gefahr entgegengewirkt, im späteren Leben dem Naturalismus zu verfallen und die Möglichkeit vorbereitet, sich über das Reale hinaus ins Ideale zu erheben.

Das Gewahrwerden des Lebendigen ist heute, wo selbst unsere Wälder, die von jeher als unversiegbare Quellen des Lebens galten, zu sterben beginnen, eine dringende Notwendigkeit.

Die Frage, ob das dynamische Zeichnen ein Aufwachen zum Lebendigen bewirken kann, läßt sich am sichersten beantworten, wenn man es im Sinne der vorangehenden Beispiele übt.

Um anzudeuten, wie man später in der Pflanzenkunde zum Üben pflanzlicher Formen übergehen könnte, sei auf folgende elementare Beispiele verwiesen:

Gebärden des Streckens

von unten nach oben	von oben nach unten
	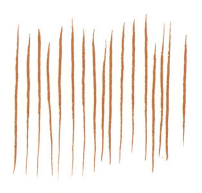

von unten nach oben und umgekehrt, von oben nach unten und umgekehrt

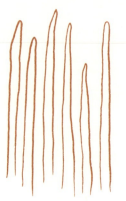 

Schachtelhalmartige, ganz im Linearen der Stengelbildung sich entfaltende Formen.

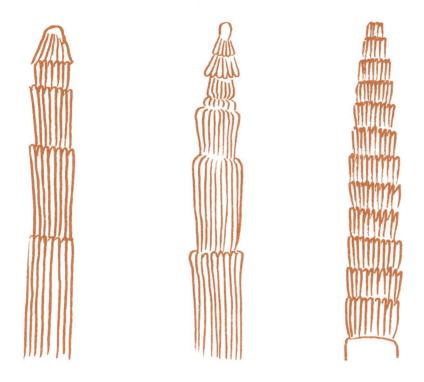

Zur aufwärtsstrebenden kommt die in die Ausweitung sich ausbreitende Kraft hinzu.

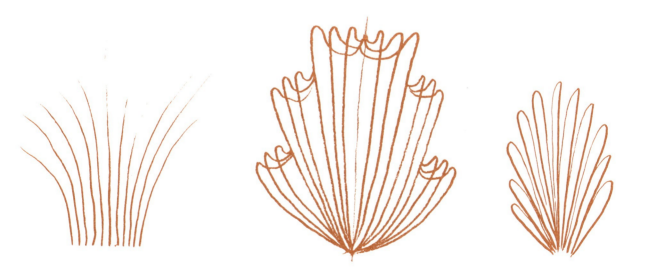

Aus der Dynamik der nach unten strebenden Kräfte entstehen wurzelhafte Gebilde.

Blatt- und Blütenbildungen sind nicht zeichnerisch, sondern malerisch aus farbigen Flächen heraus zu gestalten.

Schülerarbeiten aus den Klassen Hermann Kirchners.

Dynamisches Zeichnen als ordnende und disziplinierende Kraft in schwierigen Klassen

Disziplinlosigkeit und Konzentrationsmangel sind in manchen Klassen der heutigen Schulen in zunehmendem Maß zum Problem geworden. Das hat viele Gründe, die vorwiegend in irgend einer Weise mit der Tatsache im Zusammenhang stehen, daß wir wichtigen Erziehungsfragen gegenüber unsicher geworden sind. Das schafft schlechte Voraussetzungen für unsere Kinder, die sich in der Welt verwurzeln möchten, aber in vielen Fällen ohne sichere Führung wie Streusand allen Winden ausgesetzt sind.

In gleicher Weise, wie dem Leib durch das Skelett zur aufrechten Haltung verholfen wird, muß auch die Seele ihren Halt bekommen, damit sie sich richtig verhalten kann. Dazu vermag neben vielen andern Möglichkeiten auch das dynamische Zeichnen einen Beitrag zu leisten. Es kann zum Beispiel versucht werden, während einer bestimmten Zeit des Unterrichts täglich zirka zehn Minuten lang Formen zu üben, die das seelische Gefüge der Kinder zu ordnen und zu festigen vermögen. Das kann dazu beitragen, eine ungeordnete, lärmige Klasse zur Ruhe zu bringen und Voraussetzungen zu schaffen, wie sie zur Leistung tüchtiger Arbeit nötig sind. Auf die Frage, wie diese Formen aussehen und wie sie geübt werden müßten, möchten die vorausgehenden Ausführungen Antwort und Anregung geben.

Vom Formenzeichnen zur Geometrie[1]

Es ist anregend für das Kind, zu erleben, wie aus dem Formenzeichnen ein elementares Geometrisieren herauswächst, oder anders gesagt: wie die Geometrie schon ein Stück weit im Formenzeichnen enthalten ist. Die Übereinstimmung der beiden Fächer geht schon aus der Tatsache hervor, daß die Gerade und der Kreis, als die beiden Grundelemente der Geometrie, mit der Geraden und der Gebogenen des Formenzeichnens nahezu identisch sind. Aber auch die Winkel, die Flächen mit ihren Seiten und den vielen gegenseitigen Beziehungen treten schon in den Gestaltungen des Formenzeichnens in Erscheinung.

Deshalb liegt es nahe, im Verlauf des fünften Schuljahres das Formenzeichnen in ein elementares Geometrisieren überzuführen. Das kann auf mancherlei Arten geschehen. Wir können zum Beispiel mit dem Kreis und der Geraden beginnen. Damit sich der Schüler die beiden geometrischen Gebilde möglichst intensiv zum Erlebnis bringt, tut er gut, sie, wie schon Plato empfohlen, vorerst ohne Zirkel und Maßstab aus freier Hand zu zeichnen. Das wird nicht schwer fallen, wenn seit dem ersten Schuljahr geübt wurde, die Formen nicht nur ihrer äußeren Erscheinung nach, sondern aus ihrer innern Dynamik heraus zu erleben.

Besonders stark ist dieses Erleben beim Entstehen des Kreises, der bis zurück in die alten Kulturen als Sinnbild für die alles umfassende, in sich ruhende Einheit und Ganzheit empfunden wurde. Sein Wesen läßt sich vielleicht am besten erfassen, wenn wir ihn aus dem Kreisen heraus erleben. Das wird uns um so besser gelingen, je mehr wir die zwischen der Peripherie und dem Zentrum waltende und sich stets gleich bleibende Spannung durchzuhalten vermögen. Dadurch entsteht eine harmonisierende, festigende Wirkung auf das seelische Gefüge des Schülers. Das Kreisen ist nicht nur für die Geometrie, sondern ganz allgemein eine gute Übung, da alles, was wir als Menschen tun, von einem unsichtbaren Zentrum gehalten werden sollte.

Eine ähnliche, aber in einer ganz andern Dynamik verlaufende Anstrengung erfordert das Ziehen einer Geraden. Sie wird gelingen, wenn wir uns so in ihr Wesen vertiefen, daß wir spüren, wie die zielgerichtete Gradlinigkeit nur durch lückenlose Konzentration zustandekommt. Es erfordert eine äußerst sichere Lenkung der zeichnenden Hand, damit die eingeschlagene Richtung beibehalten werden kann. Die aus dem Ich heraus gesteuerte Kraft darf aber nicht aus allzu peinlicher Beflissenheit zur Versteifung führen. Die entstehende Gerade muß vielmehr aus einem durchatmeten Strom der Bewegung herausfließen. Das wird gelingen, wenn wir so tief als möglich in ihr Wesen eintauchen. Dann werden wir vielleicht zu erahnen beginnen, was Heinrich Federer meinte, als er sagte: «Als die Mathematik die Gerade erfand und den Kreis erdichtete, war sie Gott näher gekommen als die Poesie und die Musik in ihren besten Augenblicken.»

Ein ähnliches Wort ist uns von Plato überliefert: «Die Bedeutung der Geometrie beruht nicht auf ihrem praktischen Nutzen, sondern darauf, daß sie ewige, unwandelbare Gegenstände untersucht und danach strebt, die Seele zur Wahrheit zu erheben.»

Obwohl es sich in unserer ersten Geometrie nur um allerelementarste Anfänge handelt, ist es wichtig, den Schüler auch etwas von jener Dimension spüren zu lassen, die, über das Nützliche und Praktische hinaus, mit der Lösung letzter Welt- und Lebensfragen im Zusammenhang steht. Das wird umso leichter möglich sein, als es gelingt, neben den in ihr wirkenden Gesetzmäßigkeiten auch die Schönheit ihrer Formen und das streng geregelte Spiel ihrer gegenseitigen Beziehungen zu erspüren.

Um nicht in bloßen Betrachtungen zu verharren, wollen wir anhand einiger Aufgaben zeigen, wie die Schüler in ein gestaltendes Erleben von Kreis und Gerader eingeführt werden können.

– Zeichne um ein sich gleichbleibendes Zentrum herum nacheinander immer größer werdende Kreise.

– Zeichne um ein sich gleichbleibendes Zentrum, von außen nach innen, allmählich kleiner werdende Kreise.

– Zeichne einen großen Kreis und fülle ihn so mit kleineren Kreisen verschiedener Größe an, so daß sie einander berühren, aber nicht überschneiden.

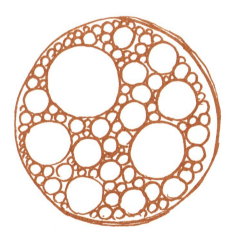

– Zeichne von einem Punkt aus strahlenförmig nach allen Seiten so viele gleichlange Strecken, bis sich die Kreisfläche und die Peripherie abzuzeichnen beginnen.

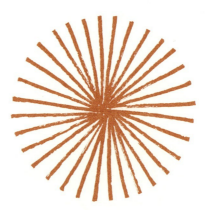

– Lasse Strahlen von allen Seiten sich nur so weit an ein Zentrum heranbewegen, bis die im Innern ausgesparte Fläche von einem Kreis begrenzt ist.

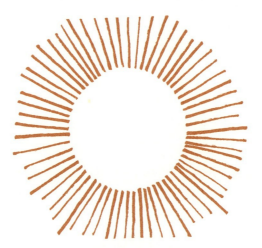

– Zeichne einen Kreis mit zwei rechtwinklig zueinander stehenden Durchmessern und trage von der Mitte der vier entstandenen Radien Kreise ab, deren Durchmesser gleich groß sind wie die Radien.

– Zeichne gleich große, sich überschneidende Kreise so, daß jeder einzelne von zwei andern durchschnitten wird, so daß sich in freier Weise geschlossene Ketten bilden.

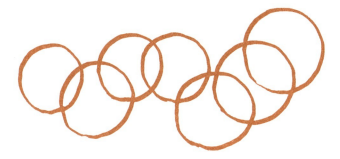

– Lasse zwei sich überschneidende Geraden so von einer dritten durchqueren, daß ein Dreieck entsteht.

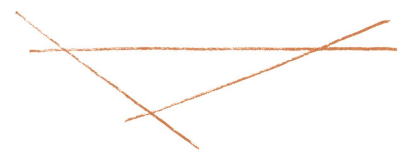

– Lasse die sich überschneidenden Geraden so verlaufen, daß das entstehende Dreieck gleichseitig wird.

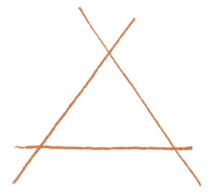

– Lasse aus einem gleichseitigen Dreieck durch Anheben oder Absenken der Spitze gleichschenklige Dreiecke entstehen.

– Lasse aus einem gleichseitigen Dreieck gleichschenklige entstehen, indem die Basis zu einem der beiden Schenkel wird.

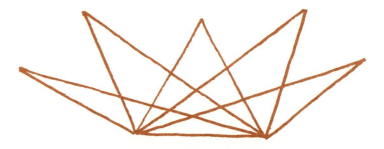

Anregend zur Übung geometrisierender Kräfte ist der Aufbau nachstehender Figur, die wir in folgenden Phasen entstehen lassen:

– Zeichne ein gleichseitiges Dreieck, halbiere die Seiten und verbinde die Halbierungspunkte miteinander. Wieviele Dreiecke und Vierecke (Rauten, Trapeze) entstehen?

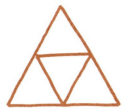

– Spiegle die Figur nach unten. Wieviele neue Flächen entstehen? Wie benennt man sie?

– Lasse durch das Hinausklappen aller gleichseitigen Dreiecke im Sechseck den Sechseckstern entstehen und zähle sämtliche vorhandenen Dreiecke und Vierecke.

– Verbinde die Spitzen des Sechsecksterns miteinander und suche im neu entstandenen Sechseck die vorhandenen Rechtecke, gleichseitigen, gleichschenkligen und rechtwinkligen Dreiecke heraus.

Weitere Anregungen zur Freihandgeometrie in «Lebendiges Denken durch Geometrie». Verlag Freies Geistesleben, Stuttgart und Paul Haupt, Bern (S. 5–29), 1984.

Beispiele aus dem zeichnerischen Gestalten von Naturvölkern

Neue Hebriden: Sandzeichnung

Neuguinea: Schild

165

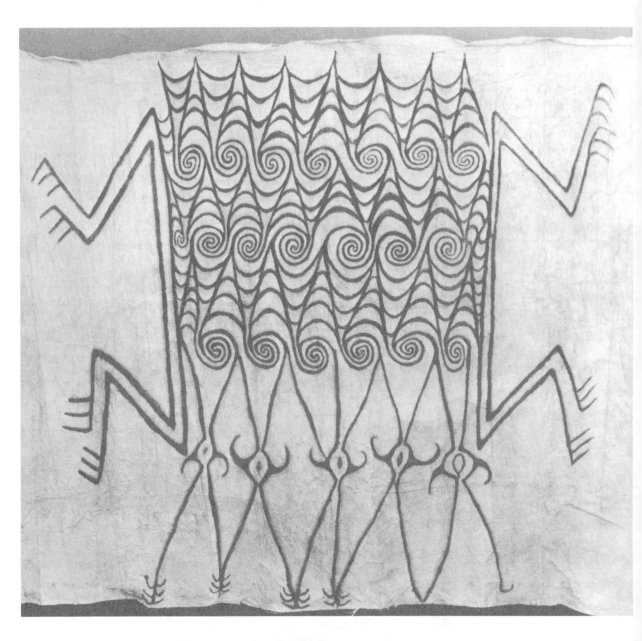

Neuguinea: Stück einer rituellen Tapa
Abbildungen aus: «Universum der Kunst, Ozeanien». Verlag C. H. Beck, München 1963.

Es findet sich in der Kunst alter Völker ein reiches Ausmaß von aufschlußreichen Formen, die im angedeuteten Sinn zur Intensivierung und Vertiefung des Formerlebens beitragen können.

Geometrische und menschenkundliche Grundlagen für das Formenzeichnen

> «Der Cusaner und andere erscheinen mir gerade aus dem einen Grund so göttlich groß, weil sie das Verhalten des Geraden und Krummen zu einander so hoch eingeschätzt und gewagt haben, das Krumme Gott, das Gerade den geschaffenen Dingen zuzuordnen. Daher leisten jene, die den Schöpfer durch die Geschöpfe, Gott durch den Menschen, die göttlichen Gedanken durch menschliche Gedanken zu erfassen suchen, kaum viel nützlichere Arbeit als jene, die dem Krummen durch das Gerade, dem Kreis durch das Quadrat beizukommen suchen.»
>
> *Johannes Kepler in «Mysterium Cosmographicum»*[1]

Den Unterricht im Formenzeichnen gestalten wir aus einem künstlerisch-pädagogischen Impuls. Wir rufen, ehe wir zum Schreiben, bei dem die Form zum Symbol wird, und zur Geometrie, in der die Formenwelt mit Gedanken durchdrungen wird, übergehen, die Willenskräfte der Kinder im Tun auf. Indem wir die Formen künstlerisch empfindend durch Verwandlungen hindurchführen oder den Temperamenten gemäß modifizieren, lassen wir uns zugleich von pädagogisch-therapeutischen Zielsetzungen leiten.

Für manchen Lehrer kann es aber auch wünschenswert sein, die Welt der freien Formen ein Stück weit gedanklich zu durchdringen. Denn es ist keineswegs so, daß die Geometrie erst mit dem Kreis, dem Quadrat oder dem Dreieck – mit den «geometrischen» Formen – einsetzt. Wo wir es mit räumlichen (oder sogar zeitlichen) Formen zu tun haben, kann die Mathematik einen Beitrag zu ihrem Verständnis leisten. Sind wir uns bewußt, wie das denkende Erkennen allgemeine Gesetze, das künstlerische Schaffen die besondere Form geben können, so sind falsche Intellektualisierungen im Unterricht der ersten Klassen nicht zu befürchten. Vor dem Hintergrund der geometrischen Formenlehre kann vielmehr das künstlerische Empfinden differenzierter ausgebildet werden. Für uns Erwachsene kann es schon bei der Behandlung der Geraden und der «Krummen» von großer Bedeutung sein, vor welchem Begriffshintergrund wir sie zeichnen. So sollen, nach einer menschenkundlichen Betrachtung über den Ursprung der Geometrie im Menschen, die ersten Schritte in die «freie Geometrie ebener Kurven» skizziert werden. Wird mit den Schülern im Rahmen der projektiven Geometrie der 12. Klasse diese behandelt, so schließt sich für sie ein großer Bogen zu den ersten Schuljahren: Das erst handelnd Erfahrene wird nun erkennend erfaßt. Verbunden mit der künstlerischen Erkenntnis, die im Eurythmie-Unterricht an der Formensprache gepflegt wird, ist es sogar möglich, die geometrischen Besprechungen zu Fragen der Pädagogik in den ersten Schuljahren überzuleiten.

Menschenkundliche Gesichtspunkte zum Ursprung der Geometrie

Zeichnen wir in den ersten Schultagen die Gerade und «Krumme» an die Tafel und lassen die Formen von den Kindern nachahmend erfassen, so greifen wir in ihnen Kräfte auf, die in den ersten Lebensjahren an ihrer Menschwerdung gestaltend gewirkt haben (siehe hierzu die genauere Darstellung im Kapitel «Die Kräfte leiblicher Formbildung...»). Wird das Kind geboren, so hat es fast keine Beziehungen zu den Kräften der Erde. Indem es sich aufrichtet und gehen lernt, verbindet es sich mit diesen Kräften und macht seinen Leib bis in die Gehirnformung zu einer menschlichen Gestalt. Seine Aufrechte, die Koordination seiner Bewegungen, das Ertastenkönnen seines Leibes sind nicht das Ergebnis einer organischen Reifung – wie weitgehend beim Tier – sondern *Folge* seiner seelischen Auseinandersetzung mit der menschlichen und natürlichen Umwelt, seines Inkarnationswillens. Tief unbewußt, aber mit seinem ganzen Wesen erlebend darinnenstehend, gestaltet es sich, indem es die Kräfte der Erde und des Raumes ergreift. Wer Kinder sich hat aufrichten und gehen sehen, wird verstehen, daß dieser Vorgang nicht nur ein gleichgültig physikalisches Gleichgewichtfinden ist, sondern daß darin tiefste moralische Impulse wirken. «...mit jenem Geistigen, das wir aufnehmen, indem wir gehen lernen, fließt aus der Umgebung auch das Moralische ein ... moralisch durchsetzt ist dasjenige, war wir durch die Statik und Dynamik aufnehmen. Das ist eben keine bloße Statik und Dynamik, wie wir sie in der Schule lernen, das ist eine aus dem Geiste heraus geborene Statik und Dynamik» (R. Steiner, «Die pädagogische Praxis vom Gesichtspunkte geisteswissenschaftlicher Menschenerkenntnis», GA 306, Dornach 1975, 2. Vortrag).

Im Hinblick auf die Sinne führt Rudolf Steiner immer wieder aus (z. B. in «Grenzen der Naturerkenntnis», GA 322, Dornach 1969, 3. Vortrag), wie der Gleichgewichts- und Bewegungssinn tätig in der Organisation des Kindes wirksam sind, während es sich aufrichtet und gehen lernt.

Mit der Schulreife tritt für das Kind zugleich ein folgenreicher Wechsel im Verhältnis zur Sinnesorganisation ein. War das Kind vorher «ganz Sinnesorgan», d. h. war das Sinneserlebnis ganz an den unmittelbaren Eindruck gebunden, so wird mit dem Freiwerden der Bildekräfte auch ein inneres Ergreifen der Sinnesprozesse allmählich möglich. Das Aufrechte schlechtweg, das Rot, die Konsonanz oder Dissonanz usw. können innerlich erfaßt und losgelöst von den stets «viel-sinnigen» Wahrnehmungskomplexen betrachtet werden. Wie wir als Maler die Farbe, als Musiker den Ton innerlich ergreifen, so ergreift der Mathematiker die Sinnesqualitäten, die er als Kind im Aufrichten und Gehenlernen sich errungen hat. In dem «Abstraktionsprozeß» der Mathematik haben wir es mit dem willentlichen Absondern der Erlebnisse des sich bewegenden Menschen von den übrigen Sinneserfahrungen zu tun. Das Ich beginnt Herr zu werden im innerlichen intentionalen Ergreifen seiner Sinnesprozesse. Wer das kleine Kind als Bewegungskünstler, als Tänzer, als Balancierartisten beobachtet, hat den künftigen Mathematiker vor sich. Doch wie es zuerst das Vorbild benötigt, an dem es sich aufrichten lernt, so bedarf es nach der Schulreife der Leitung, das in ihm durch Leibeserfahrung Veranlagte seelisch geordnet ergreifen zu können. Zeichne ich ihm die Gerade an die Tafel (Abb. 1), so stelle ich vor es hin, was es im eigenen Aufrichten erlebt hat. Indem ich es veräußerliche, wird es zugleich in diesem Alter innerlicher – d. h. im bewußt werdenden Seelischen – ergriffen. Dabei lebt das Kind aber noch stark mit, *wie* der Lehrer die Gerade zeichnet. Ist er dabei ganz und gar im Gleichgewicht? Erlebt er *seine* Aufrichtekraft darin?

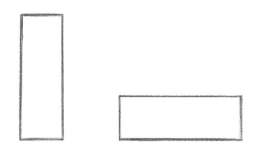

1

Ein Weiteres kommt hierbei noch stark in Betracht: Bis etwa zum 12. Lebensjahr sind Raumlage und Form noch eng verbunden. So werden zwei von der Form her identische Rechtecke durchaus noch nicht als identisch betrachtet, wenn sie verschiedene Raumlage haben (Abb. 2). (Kongruenzsätze, die die Gleichheit von Formen unabhängig von der Raumlage zum Inhalt haben, sind also vor dem 12. Jahr nicht sinnvoll zu behandeln. Sicherlich könnte man sie vorher verständlich machen, das Kind würde sie aber nicht wirklich innerlich erleben.)

2

So ist die «Gerade» im ersten Schuljahr nicht irgendeine, sondern man wird unterscheiden: die Gerade (3a), die Liegende (3b) und das Geschwisterpaar der Schrägen (3c).

3a   3b   3c

Erst allmählich löst sich das Formerleben vom engen Bezug zur eigenen Raumlage. Dem Kind werden wir erst später diese Trennung im Geometrieunterricht abfordern und zugleich im künstlerischen Gestalten die Qualitäten des Oben-Unten, Hinten-Vorne, Links-Rechts ins Bewußtsein heben. –

Es wurde schon darauf hingewiesen, daß wir es in der Mathematik mit den Qualitäten spezieller Sinnesgebiete zu tun haben. Dem soll zunächst noch etwas genauer nachgegangen werden. Betrachten wir irgendeine Form (Abb. 4), so spielen in unterschiedlicher Weise mehrere Sinne zusammen:

4

Zunächst ist für den Farbsinn (Sehsinn) eine Farb- und Helligkeitsdifferenz gegeben. Das Auge ist aber nicht nur Organ (Träger) des Farbsinnes, sondern einer Reihe weiterer Sinne; insbesondere ist es auch ein äußerst sensibles Bewegungsorgan. Die Farbdifferenz veranlaßt uns, den Blick ihr entlang zu bewegen, so daß unser Organismus zu einer Eigenbewegung aufgerufen wird. Diese nehmen wir mit dem Eigenbewegungssinn wahr: Form ist keine Qualität des Sehsinnes, sondern des Eigenbewegungssinnes! Dies wird besonders deutlich, wenn wir blinde Kinder unterrichten: Malen können wir in der Regel wohl nicht unterrichten, durchaus aber Formenzeichnen und Geometrie. Nur müssen wir das Formerfassen nicht an das Sehen, sondern an das Tasten oder an unmittelbare Bewegungen des Leibes (z. B. durch Führen der Hand) anbinden. Da die Wahrnehmungen des Gleichgewichts-, Eigenbewegungs- und auch des Lebenssinnes sich zunächst ausschließlich auf den eigenen Organismus richten, benötigen sie einen vorgeschalteten «Außen»-Sinn, um sich auf Äußeres beziehen zu können. Der eigentliche Inhalt wird aber in jedem Fall – anders als Farbe, Geruch, Wärme, usw. – nur aus der eigenen Tätigkeit gewonnen. Es gibt ihn für mich nicht, wenn ich ihn nicht schaffe. Seelisch ergriffen wird er allerdings erst voll, wenn ich ihn in *verinnerlichter* Sinnestätigkeit erzeuge. Interessant ist in dieser Hinsicht das Erfassen von Formen durch Ertasten, wenn sie z. B. auf den Rücken gezeichnet wird. Hier können wir die Form zunächst gar nicht mit einer äußeren Bewegung nachbilden, sondern sind ganz auf die Bewegung unseres inneren Aufmerksamkeitsstrahles angewiesen.

Im didaktischen Aufbau werden wir deshalb – vor allem die innerlich etwas stumpfen Kinder – Formen vielfach auch laufen lassen, um das Bewegungserlebnis möglichst stark anzuregen. Dann beruhigen wir den Leib immer mehr, indem wir die Form mit der Hand in die Luft zeichnen lassen und sie schließlich nur innerlich angeschaut bilden lassen. Danach kann sie auf dem Papier als Bewegungsspur erscheinen.

Indem das Kind im Anschauen einer Form sich selbst in feiner Weise bewegt, bringt es die Bewegung in Verbindung mit seinem Gleichgewichtsempfinden, wie dies in jeder Bewegung bei einem gesunden Menschen geschieht. Das Geradesein, aber auch alle achsiale (Spiegel-)Symmetrie geben ein besonderes Gleichgewichtserlebnis. So verbindet sich mit dem Bewegungs- das Gleichgewichtswahrnehmen. Raumlage, Geradlinigkeit und Symmetrie sind vor allem die geometrischen Eigenschaften, die wir durch das Hineinspielen des Gleichgewichtsempfindens in das Bewegungserlebnis gewinnen.

Untersuchungen an Kindern im Grundschulalter[2] zeigten, daß die (achsiale) Symmetrie einer Form weitaus am sichersten erfaßt wird, wenn die Achse in der Symmetrieebene des eigenen Leibes liegt. Ist sie schräg gestellt (Abb. 5), so drehen die Kinder das Blatt oder den Kopf, um die Achse wenigstens in der Symmetrieebene des Kopfes liegen zu haben. Mancher Erwachsene verhält sich ähnlich. Dies zeigt die enge Beziehung des Symmetrieerfassens zur eigenen Gleichgewichtswahrnehmung.

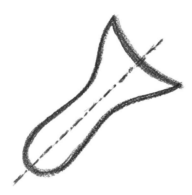

5

Ein weiteres Sinneserleben spielt in das Bewegungserlebnis beim Formerfassen hinein: Betrachten wir eine Kreislinie (Abb. 6a), so trennt sie ein Inneres von einem Äußeren. Dellen wir den Kreis ein, so daß er an einer Stelle konkav wird, so empfinden wir dies als eine leise Schwächung des Inneren (Abb. 6b). Dehnt sich eine Stelle nach außen, so empfinden wir einen Kraftüberschuß des Inneren (Abb. 6c). Noch deutlicher wird die Empfindung, wenn (bei 6b) der äußere Eindruck geradlinig, «verletzend» für das Innere wird (Abb. 6d). Man nimmt wahr, wie unser Lebenssinn sich dem Bewegungserlebnis verbindet. Stärkung und Schwächung des Leibesinnern ist seine eigene Domäne. Über die Bewegung verbindet er sich schließlich auch mit dem Äußeren. Begriffe wie konvex und konkav bildet der Mathematiker aufgrund solcher, gewöhnlich unbewußt bleibender Erlebnisse. Die Formbeispiele Rudolf Steiners in den Vorträgen «Wege zu einem neuen Baustil» (GA 286) gehen auf ein solches Wahrnehmen hinaus (Abb. 7a und b):

6a–d

7a
Das Innere hat gesiegt

7b
Das Äußere hat gesiegt

Zuletzt sei noch die absolute Größe einer Form betrachtet (Abb. 8a, b):

8a und b

Für die Form spielt die Größe keine Rolle. Das Maß ist aber nur aus dem Inneren nicht begründbar. Wir benötigen im konkreten Fall dafür einen Erfahrungsgegenstand wie das «Urmeter» in Paris o. ä. In der Größe kommen wir wie mit dem Tastsinn wieder unmittelbar an einen äußeren Wahrnehmungsbereich heran.

Damit sind von der Sinnesseite her einige Grundlagen der geometrischen Begriffsbildung genannt. Viele Fragestellungen müssen heute noch offen bleiben. Das Besondere des Mathematischen gegenüber anderen Wahrnehmungsurteilen ist die über die *Willens*sinne vollzogene Herstellung der Wahrnehmungen durch uns selbst. Indem wir denkend das aus dem Willen selbst Erzeugte durchdringen, erleben wir ein rein Geistiges, das uns in objektiver Weise mit der Welt verbindet. Gewöhnlich bleiben aber die Wahrnehmungen unbewußt. Nur die entsprechenden Begriffsbildungen werden in ihren logischen Beziehungen bewußt. Interessant ist es dabei zu sehen, welche Erfahrungen in die Begriffsbildung der Mathematik *nicht* aufgenommen werden. In der klassischen Geometrie sind dies vor allem Raumlage (rechts-links, oben-unten usw.) und absolute Größe. Im modernen Strukturalismus wird möglichst jeder Erfahrungsbezug fallengelassen, ist aber faktisch im Erkennen von Zeichen und Anordnungen interessanterweise nicht entbehrlich.

Wenn wir eine Form zeichnen, geben wir zunächst der Bewegungsspur ein bleibendes visuelles Bild. Es ist aber in Wirklichkeit nicht unser Gegenstand. Indem wir es uns bewegend anschauen, setzen wir uns das geronnene Formbild wieder in Bewegung um. Begrifflich werden wir dabei die frei gezeichnete Form niemals ganz auflösen können. Was aber an erster begrifflicher Durchdringung möglich ist, soll in den folgenden Abschnitten anfänglich dargestellt werden.

Die Grundelemente der Geometrie ebener Kurven

Laufen oder zeichnen wir eine Kurve, so lebt deren Dynamik zunächst am stärksten in den verschiedenartigen Krümmungsverhältnissen: in ihrem Weiten oder Zusammenziehen oder in ihrem gleichbleibenden Krümmungsmaß (Abb. 9a–c).

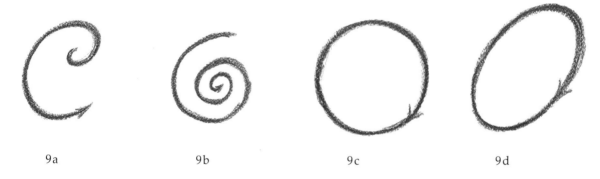

9a   9b   9c   9d

Ein rhythmisches Schwingen von Weiten und Zusammenziehen kann zur Figur 9d führen. Dieses Schwingen lebt zwischen zwei Polen, in denen der eigentliche Kurvencharakter verlorengeht: Die Kurve kann sich zur Geraden strecken (Krümmung 0) oder zum Punkt krümmen (unendliche Krümmung). Innen und Außen, Mitte und Umkreis sind die Gegensätze, zwischen denen die Dynamik einer Kurve sich auslebt (Abb. 10a–d).

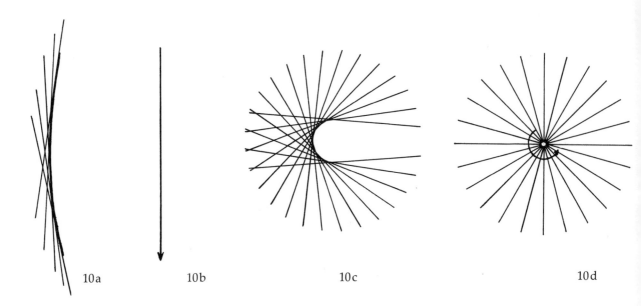

10a 10b 10c 10d

Auf der Geraden wird die Bewegung zu einem (geradlinigen) Fortschreiten. Es gibt keine Richtungsänderung. Im Punkt ist als Bewegung nur noch die Drehung möglich. Es gibt kein Fortschreiten mehr, nur noch Richtungsänderung. Laufen wir eine gewöhnliche Kurve, so schreiten wir fort *und* drehen uns dabei. Die Punkte der Kurve geben die durchlaufenen Orte an, die Tangenten die sich ändernden Richtungen. Punkt und Gerade, Fortschreiten und Drehen sind für die ebenen Kurven die Polaritäten, zwischen denen sie sich bewegen.

In der projektiven Geometrie wird die Polarität von Punkt und Gerade in der Ebene durch das Dualitäts- bzw. Polaritätsgesetz ausgesprochen (vgl. Louis Locher-Ernst «Raum und Gegenraum», Dornach 1970). Man kann begrifflich die Ebene einmal als Geradenmenge (Strahlenfeld) oder als Punktmenge (Punktfeld) auffassen. Jedem Vorgang in dem einen Feld entspricht dann ein polarer in dem anderen. Bestimmen z. B. im Punktfeld zwei Punkte genau eine Gerade, so im Strahlenfeld zwei Geraden genau einen Punkt (Abb. 11a und b).

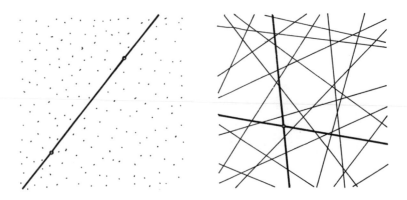

11a 11b

Um uns ein wenig in diese polaren Verhältnisse hineinzudenken, betrachten wir einen einfachen Vorgang in seiner polaren Ausgestaltung: Wir denken uns dazu im Punktfeld eine Strecke gegeben (Abb. 12). Aus ihr entsteht eine «Krumme», ein «einfacher Bogen», indem wir sie biegen (Abb. 13). Welcher Vorgang entspricht diesem Biegen im Strahlenfeld? Dort müssen wir nicht von einem Stück geraden Weges, sondern von einem «Stück» Drehung ausgehen, einem Winkelfeld (Abb. 14).

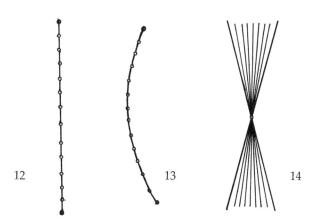

12   13   14

Um den analogen Vorgang zum Biegen zu finden, überlegen wir, was den Bogen von der Strecke unterscheidet. Offenbar liegen keine drei Punkte mehr auf einer und derselben Geraden. Entsprechend werden wir das Winkelfeld so umzuwandeln haben, daß keine drei Strahlen (Geraden) mehr durch einen Punkt gehen. In einfachster Weise können wir diese Forderung erfüllen, indem wir das Winkelfeld zu einer «Bogenhülle» auflösen. Die Geraden hüllen als Tangenten einen einfachen Bogen ein (Abb. 15).

15

Das Krümmen einer Strecke und das «Auflösen» eines Winkelfeldes führen also im einfachsten Fall zur gleichen Form, einem Bogen, den sie einmal als Punktgebilde und einmal als Strahlengebilde entstehen lassen. Der Bogen mit seinen Punkten *und* Tangenten ist aus den Extremen hervorgegangen (Abb. 16).

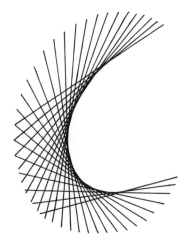

16

Wir erleben diese Polarität, wenn wir uns bewegen, darin, daß wir nicht nur in jedem Augenblick uns an einem *Ort* befinden, sondern zugleich im Fortschreiten jeweils eine *Richtung* haben. Dabei ist für uns in der Bewegung das Richtunggeben mindestens ebenso wichtig wie der Ort, an dem wir uns jeweils befinden.

Nun stellt der Bogen nicht nur ein Gebilde in der Ebene dar, sondern er gestaltet selbst die ganze Ebene, sowohl das Punktfeld wie das Strahlenfeld. Der Blick wird damit von der gezeichneten Linie in den Umkreis gelenkt, und dies ist für das Empfinden beim Zeichnen einer Form von größter Bedeutung.

Die Punkte der Ebene können zu dem Bogen (als Hüllgebilde!) in sehr verschiedener Beziehung stehen. Durchlaufen wir mit einem Strahl die Bogenhülle, so wird ein Teil des Punktfeldes zweimal überstrichen (Gebiet 2), ein Teil gar nicht (0) und ein Teil einmal (1) (Abb. 17).

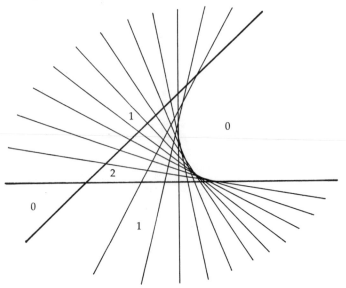

176

17

L. Locher-Ernst bezeichnet in seinem schönen Aufsatz «Ein einfacher Bogen», in Das Goetheanum, 40. Jg., Nr. 24 (11. Juni 1961) das Gebiet 0 als das *Umschlossene*, 2 als das *Ausgeschlossene* und 1 als das *Nichtbeachtete*.

Durchlaufen wir den Kurvenbogen mit einem Punkt, so wird das Strahlenfeld auch dreifach gegliedert: Gewisse Strahlen werden von dem Punkt zweimal getroffen, andere keinmal und die übrigen einmal. Die Abbildungen (18a–c) geben die dreifache Gliederung des Strahlenfeldes durch einen einfachen Kurvenbogen wieder.

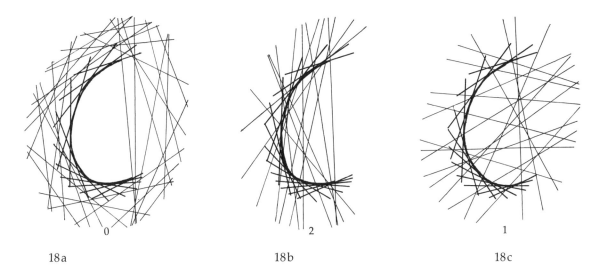

18a 18b 18c

L. Locher-Ernst nennt diese drei Strahlenbereiche das *Umschließende* (0), das *Ausschließende* (2) und das *Nichtbeachtende* (1). Er stellt mit diesen Passiv- und Aktivformen die Beziehungen zum menschlichen Willensleben her. Jede bogenförmige Bewegung schafft diese doppelte Dreigliederung in der Umgebung.

Setzen wir den Bogen so fort, daß er sich zu einem Oval schließt (Abb. 19), so verschwindet ganz das Nichtbeachtete (1) bzw. das Nichtbeachtende (1). Die Ebene erscheint nur noch in doppelter Weise zweifach gegliedert.

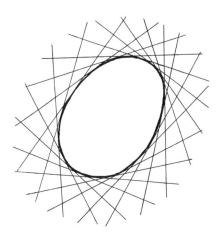

19

Lassen wir das Oval zu einem Punkt schrumpfen, so wird aus der Bogenhülle ein Strahlenbüschel (20 a).

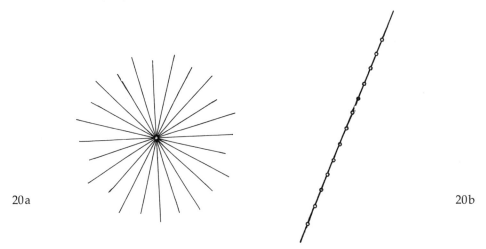

20a 20b

Das Umschlossene (0) verschwindet. Alles bis auf den einen Punkt ist ausgeschlossen. Das Umschließende (0) erfüllt dagegen die ganze Ebene, während das Ausschließende (2) – wie schon vorher das Nichtbeachtende – ganz verschwindet.

Lassen wir dagegen das Oval sich so weiten, daß es sich immer mehr einer Geraden anschmiegt (Abb. 20b), so verschwinden das Ausgeschlossene (2) und das Umschließende (0), während das Umschlossene (0) und das Ausschließende (2) übermächtig werden.

Außer zu einem Oval kann der Bogen noch in sehr verschiedenartiger Weise fortgesetzt werden. Er kann sich z. B. immer stärker krümmen oder immer mehr weiten. Dann erhalten wir eine einwickelnde bzw. auswickelnde Spirale (Abb. 21a und b).

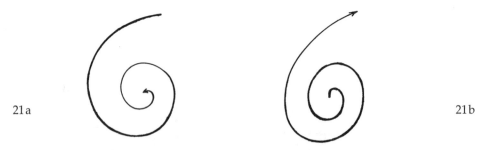

21a 21b

Ein ganz neuer Einschlag kommt in die Bewegung, wenn wir eine Wendung vollziehen (Abb. 22).

22

Im *Wendepunkt* hat die Kurve sich einen Augenblick zur Geraden gestreckt. Beginnt sie rhythmisch diese Wendung immer wieder zu vollziehen, so entsteht eine Wellenform (Abb. 23 oder 24).

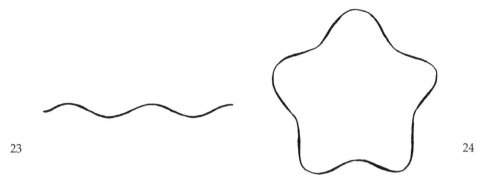

23 24

Geht die Bewegung aber für einige Zeit ganz in die Streckung über, so gibt es danach drei Fortsetzungsmöglichkeiten: ohne (Abb. 25a) oder mit Wendung (Abb. 25b) oder mit Spitze (Abb. 25c).

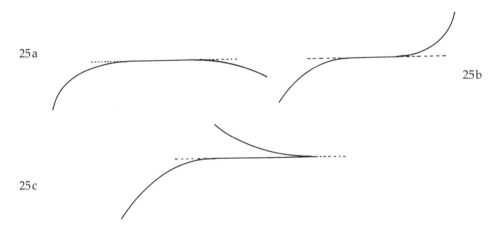

Es geht hier aber eine Eigenschaft der Kurven verloren, an der wir zunächst festhalten wollen: Durchlaufen wir den Streckenabschnitt, so ändert sich die Tangente nicht. Die Hülle «erstarrt» für diese Zeit zu einem einzigen Strahl und kommt erst nach der Strecke wieder in Bewegung.

Polar zur Wendung der Kurve ist das Bilden einer Spitze (Abb. 26).

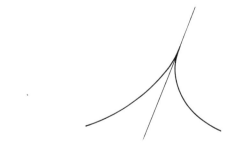

Hörte in der Wendestelle die Drehung der Tangente für einen Augenblick auf, so hier das Fortschreiten. Blieb dort das Fortschreiten von der Wendung unbehindert, so hier die Drehung der Tangente. Man durchlaufe probeweise jeweils mit einem Punkt und einer Geraden eine Wendestelle und eine Spitze und beobachte das Verhalten von Punkt und Strahl.

Um die möglichen Verhältnisse genauer zu überschauen, die in einem Kurvenpunkt P und seiner Tangente p herrschen können, halten wir das Paar P, p fest und durchlaufen mit einem zweiten Punkt-Tangentenpaar X, x die Kurve in der Umgebung von P, p (Abb. 27).

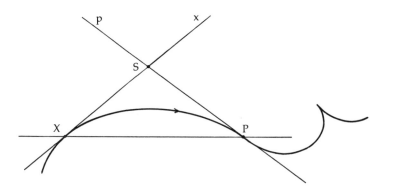

27

Es bietet sich unmittelbar an, dabei die Drehung der Verbindungsgeraden s × XP um P und polar dazu das Fortschreiten des Schnittpunktes S × xp auf p zu verfolgen.

Diese im Grunde einfache Figur gibt überraschenderweise schon die Möglichkeit, eine wichtige Gruppe von Besonderheiten, die bei einer Kurve auftreten können, zu überschauen! Beim Überschreiten des festen Paares P, p durch das bewegliche Paar X, x sind genau vier Fälle möglich:

1. s und S ändern in P, p ihren Bewegungssinn (Drehsinn bzw. Richtung des Fortschreitens) nicht (Abb. 28).
2. s ändert in P seinen Bewegungssinn, S aber nicht (Abb. 29).
3. s dreht sich gleichmäßig weiter, aber S wird rückläufig (Abb. 30).
4. s und S ändern beide ihren Bewegungssinn (Abb. 31).

Mehr Fälle sind offenbar nicht möglich!

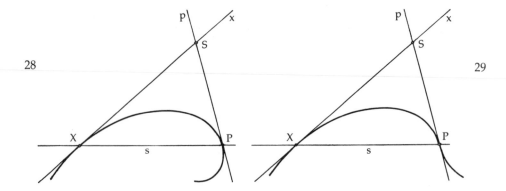

28

29

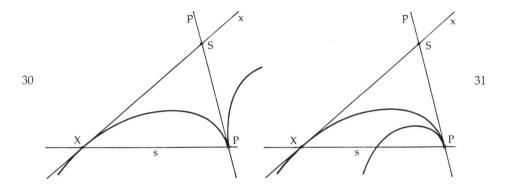

30 31

Im ersten Fall liegt bei P, p ein ganz gewöhnliches (reguläres) Verhalten vor, das wir vom Kurvenverlauf an fast allen Stellen erwarten; im zweiten Fall besitzt die Strahlenhülle der Kurve eine Besonderheit. Die Kurve vollzieht eine Wendung (Wendestelle). Im dritten Fall liegt die Besonderheit in der Punktbewegung. Sie wird rückläufig. Zur Unterscheidung von Fall vier bezeichnet man die auftretende Spitze als *Dornspitze*. Im vierten Fall hat die Kurve sowohl unter punktuellen als auch unter dem Strahlenaspekt eine Besonderheit. Man bezeichnet die Spitze als *Schnabelspitze*. Sie entsteht gewissermaßen, wenn der zweite und dritte Fall zugleich auftreten.

Um das Besprochene anzuwenden, kann man z. B. einmal eine ganz beliebige Form aufzeichnen und verfolgen, wie die besprochenen Formelemente auftreten. Ein wildes Gekritzel ist oft erstaunlich arm dabei.

Eine schöne Übung ist es, mit diesen Begriffen Blattformen anzuschauen Abb. 32 a und b).

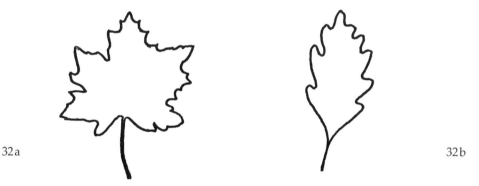

32a 32b

Um das Formenalphabet zu vervollständigen, müssen wir noch zwei Gruppen von Besonderheiten uns bewußt machen. Die erste Gruppe berührten wir oben schon: Eine Kurve kann sich für einen Teil ihres Verlaufes zur Geraden strecken. Dann wird für diese Zeit *eine* Richtung festgehalten. Dies tun wir, wenn wir auf ein deutlich vor uns gesehenes Ziel zugehen. Den polaren Vorgang vollziehen wir, wenn wir einen Winkel (Abb. 33) bilden.

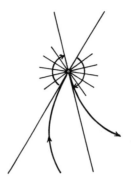

33

Beim Winkel behalten wir für einige Zeit denselben Punkt bei, während der Strahl sich weiterdreht.

Setzt sich eine Form nur aus den extremen Elementen Strecke und Winkel zusammen, so sprechen wir von einem Streckenzug (Abb. 34).

34

Zwar wird hier die Gliederung der Ebene, die sich beim Durchlaufen einer gekrümmten Linie dauernd lebendig verändert, relativ arm und starr, dafür ist sie aber in ihrer klar bestimmten Form wacher ins Bewußtsein zu heben und der begrifflichen Beschreibung weitaus leichter zugänglich. Dies ist der Grund, warum man in der Neuzeit (in der Antike war es umgekehrt) dem Streckenzug den Vorrang vor dem Gekrümmten gab (Rektifizierung einer Kurve etc.).

So wie Bögen sich in unterschiedlicher Weise einer Strecke angliedern können (siehe Abb. 25), so können auch Winkel verschiedenartig gebildet werden (Abb. 35a–c).

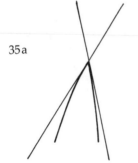
35a

35b

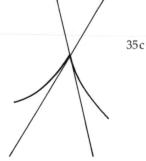
35c

Die zweite angekündigte Gruppe von noch möglichen Besonderheiten eines Kurvenverlaufes besteht in der Bildung von Doppelpunkten und Doppeltangenten. In der Kurve der Abb. 36 werden drei Punkte jeweils zweimal durchlaufen. Durchlaufen wir mit einem Strahl die Strahlenhülle, so werden auch drei Strahlen zweimal eingenommen. Die Kurve besitzt zugleich drei Doppeltangenten. In den Doppelpunkten gelangen wir zweimal an denselben Ort. Liegt eine Doppeltangente vor, so bewegen wir uns zweimal in derselben (oder genau entgegengesetzten) Richtung. Natürlich kann es auch Dreifach-, Vierfach-Punkte bzw. -Tangenten geben.

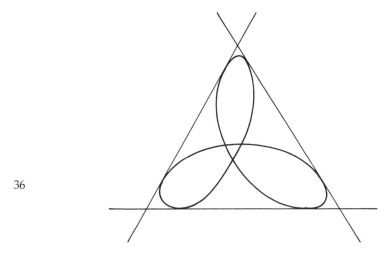

36

Mit diesen Begriffen haben wir die hauptsächlisten Elemente der Formensprache ebener Kurven zusammengetragen.

Was nicht besprochen wurde, sind z. B. solche Erscheinungen: Durchlaufen wir mit einem Strahl den Bogen in Abb. 37, so tritt bei A das Besondere ein, daß die Tangente zum ersten Mal die Kurve selbst nochmals schneidet. Ferner können wir mit den bisherigen Begriffen die beiden Ovale der Abb. 38a und b nicht unterscheiden.

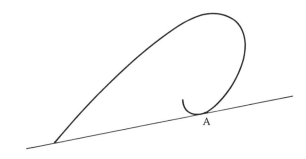

37

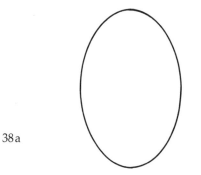

38a 38b

Die beiden Figuren besitzen einmal zwei (links) und einmal drei Punkte stärkster Krümmung. Derartige Unterscheidungen hängen aber eng mit Maßbegriffen zusammen, die wir hier nur wenig berücksichtigen.

Innen und Außen (Kern und Hülle am Kreis)

Der Kreis gliedert die Ebene, in der er liegt, sowohl als Punktfeld wie auch als Strahlenfeld in zwei Bereiche. Im Punktfeld schließt er einen Kern als *Inneres* ein. Der Rest des Punktfeldes ist als *Äußeres* ausgeschlossen. Dem Kern entspricht im Strahlenfeld die Hülle, die von außen her den Kreis formt. Dieser Hülle gehören alle Strahlen an, die den Kreis nicht schneiden. Will man sachgemäß die Begriffe innen und außen von der uns gewohnten Punktanschauung auf das Strahlenfeld übertragen, so hat man das *Hüllen*innere als den Bereich anzusprechen, der das *Punkt*äußere ist, und das *Hüllen*äußere als den Strahlenbereich, der Punkte des *Punkt*inneren trifft. In Abb. 39 sind das Punktinnere und das Hülleninnere angedeutet.

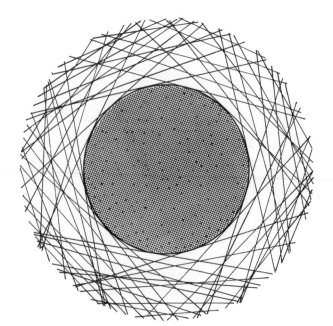

Die vier elementaren Bewegungen am Kreis

Es lassen sich nun vier elementare Prozesse von Kern und Hülle denken, die wir bildhaft beschreiben wollen.

1. In der Mitte des Kernes befindet sich eine Quelle, aus der Punkte, sich kreisförmig ausbreitend, strömen (Abb. 40a). Der Kern *dehnt* sich.
2. Aus der unendlich fernen Geraden (die, wie wir bald sehen werden, polar dem Mittelpunkt entspricht), quellen Strahlen, die das Hülleninnere immer mehr gegen den Mittelpunkt «wachsen» lassen. (Der ausgesparte Raum wird dabei kleiner!). Die Hülle *umschließt* den Mittelpunkt immer enger (Abb. 40b).
3. Die Hülle zieht sich gegen das Unendliche immer weiter zurück. Der ausgesparte Raum wird *geweitet* (Abb. 40c).
4. Schließlich kann der Mittelpunkt statt als Quelle als Punktsenke wirken. Dann zieht sich der Kern in den Mittelpunkt hinein zurück. Er verdichtet sich (Abb. 40d)[3].

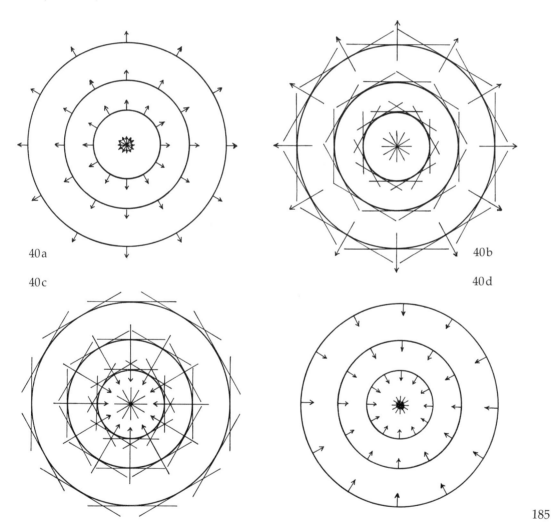

40a 40b
40c 40d

Die Polarität am Kreis

Die Kreisform vermittelt nun in besonders einfacher Weise zwischen dem Inneren und Äußeren und zwar in dreifacher Art:
1. zwischen dem Punktinneren (Kern) und dem Strahleninneren (Hülle) bzw. dem Punktäußeren und Strahlen«äußeren»,
2. zwischen dem Punktinneren und dem Punktäußeren,
3. zwischen dem Strahleninneren und dem Strahlenäußeren.

Dabei bauen der zweite und dritte Fall auf den ersten auf. Primär ist also die von der Kreisform erzeugte Beziehung zwischen Punktfeld und Strahlenfeld derselben Ebene zu betrachten (Abb. 41).

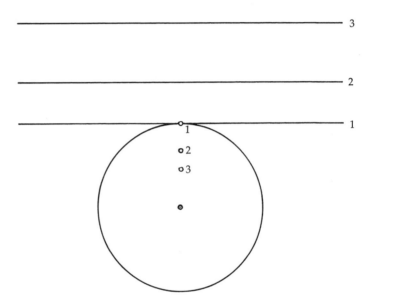

41

In zwei Fällen ist eine Beziehung zwischen einem Punkt und einer Geraden in naheliegender Weise anzugeben:
1. Liegt der Punkt auf dem Kreis, so ist ihm die Tangente in diesem Punkt zugeordnet.
2. Dem Mittelpunkt des Kreises entspricht die unendlich ferne Gerade. Sie ist sozusagen vom Hüllenrand gleichbleibend und am weitesten entfernt – wie auch der Mittelpunkt vom Rand des Kernes.

Welche Lage wird die entsprechende Gerade anzunehmen haben, wenn sich ein Punkt vom Mittelpunkt zum Rand bewegt?

In Abb. 45 sind entsprechende Stadien (gleich numerierte entsprechen sich) gezeichnet. Man wird wohl beim Betrachten die innere Gesetzmäßigkeit empfinden können. Zur Probe zeichne man einige Kreise, außerhalb jeweils eine Gerade und dazu einen inneren Punkt. Nachher kann man mit Hilfe der im folgenden besprochenen Konstruktion prüfen, ob man einen Sinn für die hier vorliegende Gesetzmäßigkeit besaß.

Wir wollen nun die Konstruktion besprechen, die dieser Gesetzmäßigkeit zugrunde liegt. Sie verbindet – genau betrachtet – Strahlenbüschel mit Punktreihen. Betrachten wir das Strahlenbüschel, dessen Trägerpunkt P ist. Da P ein innerer Punkt ist, schneidet jeder Strahl q des Büschels den Kreis in zwei Punkten, denen je eine Tangente angehört. In dieser Zusammengehörigkeit von Kreispunkt und Kreistangente geht die Kreisform in die Konstruktion ein. Läge eine andere Kurvenform vor, würde sich hier das Ergebnis modifizieren. – Die beiden Tangenten bestimmen ihrerseits wiederum einen Punkt Q. Man verfolge, wie Q sich bewegt, wenn q sich in P dreht. Das Erstaunliche, hier leider nicht zu Beweisende, ist nun, daß bei der Drehung von q Q eine Punktreihe p durchläuft! (Abb. 42)[4].

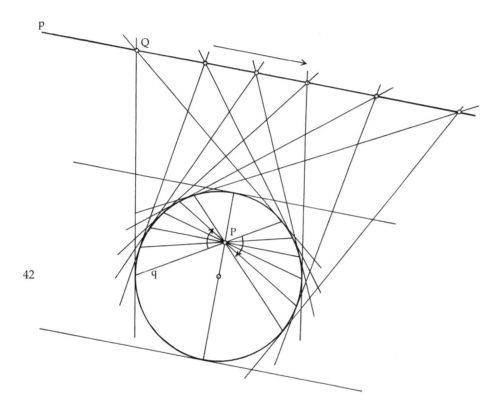

42

Die Konstruktion legt zugleich zwei weitere nahe: 1. wie aus p P zu gewinnen ist. Dazu wählt man auf p mindestens zwei Punkte Q_1, Q_2, zeichnet die Tangenten an den Kreis und verbindet entsprechende Berührpunkte. Der Schnittpunkt ist P (Abb. 43).

2. Ferner legt die Konstruktion nahe, wie zu Punkten im Äußeren ein zugehöriger Strahl gefunden werden kann:

Ist Q im Äußeren gegeben, so legt man an den Kreis die beiden Tangenten[5] und verbindet die beiden Berührungspunkte durch q.

Ein Paar einander zugeordneter Elemente (Punkt und Gerade) bezeichnet man als Pol und Polare. Wo liegt die Polare des Mittelpunktes M? Alle einander entsprechen-

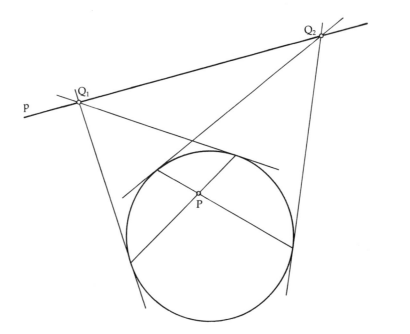

43

den Tangenten sind parallel. Die Polare ist also die unendlich ferne Gerade – wie wir es zuvor schon angenommen hatten (Abb. 44). Die gesamte durch den Kreis gestiftete Beziehung von Punktfeld und Geradenfeld bezeichnet man als die Polarität am Kreis.

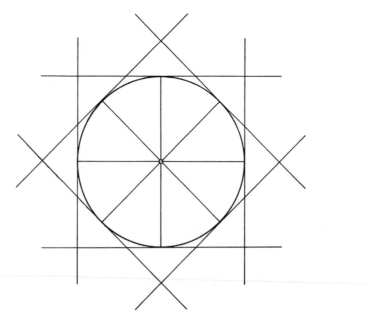

44

Um uns in die beschriebene Beziehung noch stärker einleben zu können, verbinden wir sie mit den elementaren Bewegungen: Wir denken uns aus dem Mittelpunkt eines festen Grundkreises Punkte kreisförmig quellend. Zu jedem Punkt denken wir die zugehörige Polare. Es ergeben sich zwei Gegenströmungen: Von innen dehnt sich ein kreisförmiger Kern, von außen umschließt immer enger werdend eine Hülle den Kreis. Diese beiden Strömungen prallen in der Kreislinie aufeinander. Ja, sieht man, was mathematisch voll berechtigt ist, diese Strömungen als das Primäre an, so entsteht die Linie aus ihrem Zusammenprall gleichsam als «Brandungslinie» (Abb. 45).

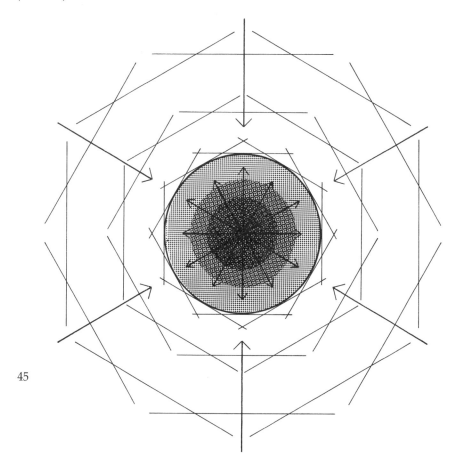

45

Die Polarität am Kreis vermittelt nun auch alle die polaren Beziehungen, die wir als der innersten Struktur der Geometrie angehörig im zweiten und dritten Abschnitt angedeutet haben. *Verbinden* wir z. B. zwei *Punkte* P und Q durch die *Gerade* r, so *schneiden* sich die polaren *Geraden* p und q im *Pol* R (Abb. 46) usf.

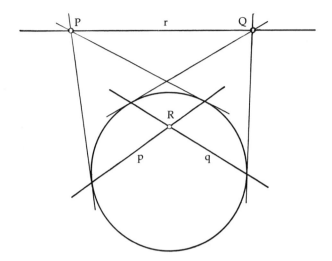

46

Waren also zunächst die polaren Entsprechungen sehr allgemeiner Art, so wird jetzt durch die Kreisform einer Figur eine eindeutig bestimmte zweite Figur mit den polaren Eigenschaften zugeordnet!

Denken wir uns beispielsweise ein Kurvenstück mit einer Wendestelle gegeben, so hat die durch die Polarität am Kreis erzeugte Form eine Dornspitze (Abb. 47).

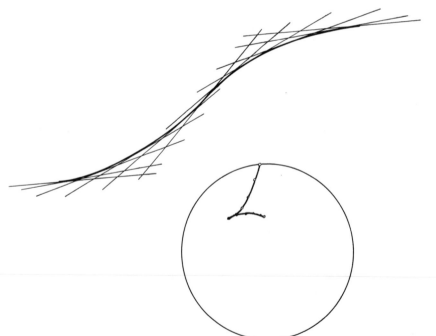

47

190

Die Spiegelung am Kreis

Es wurde oben gesagt (S. 186), daß die Kreisform in dreifacher Weise zwischen dem Inneren und Äußeren vermittelt. Wir wollen nun die Beziehung betrachten, die sie zwischen dem Punktinneren und Punktäußeren bzw. Strahleninneren und Strahlenäußeren herstellt.

Zunächst wollen wir wieder versuchen, das Empfinden für die in Betracht kommenden Gesetzmäßigkeiten zu prüfen. Wir betrachten zuerst die Beziehung im Punktfeld. Dazu gehen wir von der gewöhnlichen Geradensymmetrie aus. Als Übung ergänze man eine Figur wie etwa Figur 48 durch einen symmetrischen Teil.

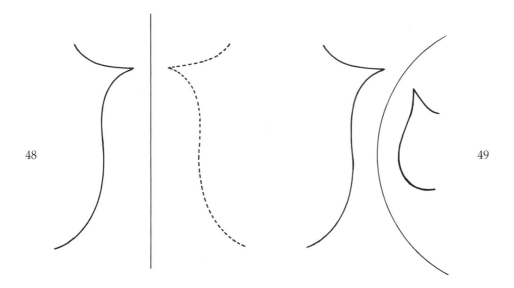

48   49

Wie wäre nun der rechts gelegene Teil zu verändern, wenn die Symmetriegerade zum Kreis (Abb. 49) gekrümmt würde? Abb. 50 gibt die Antwort durch eine sachgemäß abgeänderte Konstruktion. Diese Konstruktion und die entsprechende im Strahlenfeld läßt sich in folgender Weise gewinnen: Unter den Strahlen durch den Punkt P in Abb. 42 gibt es zwei besondere Fälle:

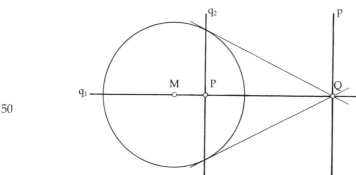

50

191

1. q_1 geht durch den Mittelpunkt M des Kreises. 2. q_2 steht senkrecht dazu. – Im ersten Fall trifft q_1 die Polare p in dem Fußpunkt des Lotes von P auf seine Polare. Im zweiten Fall sind p und q_2 parallel. Diese beiden Sonderfälle, die eng mit der Abstandsbestimmung (der Mittelpunkt ist über eine Abstandsbestimmung festgelegt) und dem rechten Winkel zusammenhängen, erlauben nun die Punkt-Punkt-Beziehung (Punktinneres und Punktäußeres) und die Geraden-Geraden-Beziehung (Strahleninneres und Strahlenäußeres) zu erklären. In der durch die Kreisform erzeugten Beziehung innerhalb des Punktfeldes ordnen wir einen inneren Punkt P dem äußeren Punkt Q zu, der einerseits auf der Geraden PM, andererseits auf der Tangente in den Punkten B_1, B_2, in denen q den Kreis schneidet, liegt (Abb. 51).

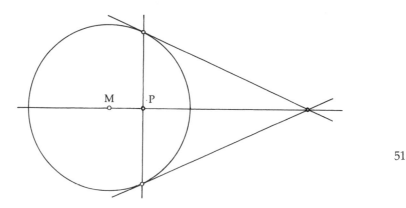

51

Umgekehrt kann man ebenso leicht aus Q im Äußeren P im Inneren konstruieren. – Da diese Beziehung eng mit der Pol-Polare-Beziehung zusammenhängt, ist hier manches ähnlich dem schon Besprochenen. Rückt P von innen gegen den Rand, so Q von außen. Nähert sich P dem Mittelpunkt M, entfernt sich Q über alle endlichen Maße. Das darf aber nicht zu der Meinung führen, diese Punkt-Punkt-Beziehung erzeuge zu einer gegebenen Figur dieselbe wie die Pol-Polaren-Beziehung. Als Beispiel geben wir die der inneren Form bei Abb. 51 hier entsprechende äußere Form an (Abb. 52).

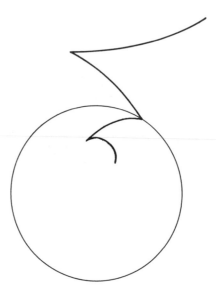

52

Es kann hier keine Rede davon sein, daß etwa polare Eigenschaften aufträten. Um mit dieser Punkt-Spiegelung am Kreis einigermaßen vertraut zu werden, führe man eine Reihe von Abbildungen innerer Figuren nach außen und umgekehrt durch. Die wichtigste geometrische Eigenschaft ist zunächst die, daß Kreise wieder in Kreisen abgebildet werden (Abb. 53). Was entspricht aber einer Geradenform? Jede Gerade verläuft durch das Unendliche. Also muß die «Gegenform» durch den Mittelpunkt M laufen. Liegt die Gerade ganz im Äußeren, so muß die innere Form ganz im Kreis liegen. Man erhält als Bild einen Kreis durch M, wie in Abb. 54 dargestellt. (Ausnahmen sind die Geraden durch M. Ihre Bilder sind wieder Geraden.) Die folgenden Abbildungen geben die Bilder einiger interessanter Figuren an (Abb. 55 und 56 sind außen bis ins Unendliche fortzusetzen. Dabei entsprechen weiße Felder außen schwarzen Feldern innen und umgekehrt):

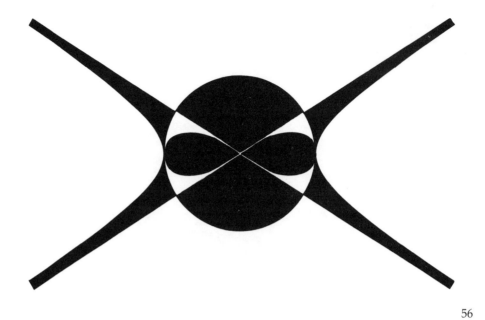

56

Man mache sich nochmals bewußt, daß hier der gesamte Außenraum (bis zu den Sternen!) sich in dem Kreisinneren spiegelt und jedes Innere sein Entsprechendes in der Raumesweite hat.[6]

Die Konstruktion der durch den Kreis vermittelten Geraden-Geraden-Beziehung ist der Abb. 57 zu entnehmen.

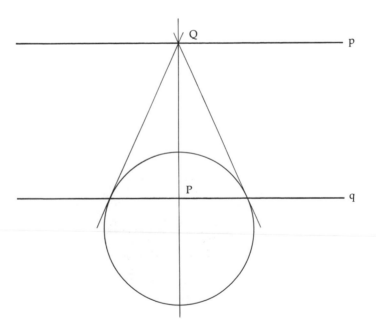

57

Der Geraden p ist die Gerade q zugeordnet, die durch den Pol P von p geht und parallel zu p ist. Auch hier erhält man natürlich in den zugeordneten Figuren nicht die Pol-Polaren-Beziehung. Dreht sich beispielsweise q um einen Punkt P, so umhüllen die entsprechenden Strahlen eine Parabel (Abb. 58).

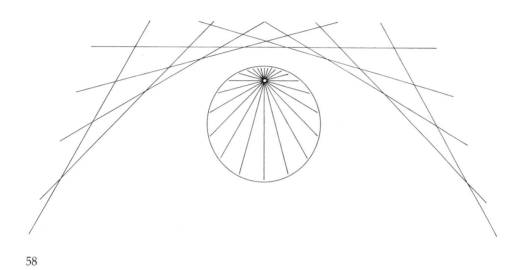

58

Mit diesen Betrachtungen wollen wir die Erarbeitung der geometrischen Grundlagen für das Formenzeichnen abschließen.

Wie zu Beginn betont wurde, kann die Geometrie selbst den Lehrgang für das Formenzeichnen nicht bestimmen. Dies muß aus einem künstlerisch-pädagogischen Empfinden hervorgehen. Besinnt der Lehrer sich auf die Ursprungskräfte der Mathematik, wie sie in der Kindheit leibgestaltend und zugleich geistig-moralisch wirken, so kann er zu diesem – ganz objektiven – Empfinden gelangen. Für den Erwachsenen ist das bewußte Ergreifen der geometrischen Gesetze eine mögliche Wegleitung zur Ausdifferenzierung des Formfühlens. Das Polaritätsgesetz der ebenen Geometrie, Mitte und Umkreis, die Elemente einer Kurve, Kern und Hülle, das Verhältnis von Innerem und Äußerem am Kreis u.a.m. sind Elemente, die das Bewußtsein für die Sprache der Formen und ihre Beziehungen zur Umgebung wachrufen können.

Es wurde hier nur eine Skizze der geometrischen Grundlagen für das Formenzeichnen gegeben. Wichtiges findet man ausführlicher in den Büchern von Louis Locher-Ernst: «Raum und Gegenraum», Dornach 1970 und «Einführung in die freie Geometrie ebener Kurven», Basel 1952.

Anmerkungen

zu: Die Kräfte leiblicher Formbildung und ihre Umwandlung in die Fähigkeit, Formen zu gestalten und zu erleben

1 E. v. Ivanka: «Der aristotelische Formbegriff» in «Gestalthaftes Sehen». Hrg. von F. Weinhandl. Darmstadt 1978.
2 W. Neuhaus: «Der Aufbau der geistigen Welt des Kindes». 2. Aufl. München 1962.
3 H. Nickel: «Die visuelle Wahrnehmung im Kindergarten- und Einschulungsalter». Stuttgart 1967.
4 R. Steiner: «Die Erziehung des Kindes vom Gesichtspunkt der Geisteswissenschaft». In «Luzifer-Gnosis». GA 34, Dornach 1960, S. 321f.
5 R. Steiner: Zum Begriff der Bildekräfte und des Bildekräfteleibes (Lebensleibes) siehe «Theosophie». GA 9, 1. Kap.
6 E. Strauß: «Die aufrechte Haltung» in «Medizinisch-psychologische Anthropologie». Hrg. von W. Bräutigam, Darmstadt 1980, S. 439.
7 Rauber-Kopsch: «Lehrbuch und Atlas der Anatomie des Menschen». Bd. 1. Neubearbeitet von G. Töndury, Stuttgart 1968, S. 134.
8 R. Steiner: «Die Weltgeschichte in anthroposophischer Beleuchtung». GA 233, Dornach 1962, S. 117ff.
9 Grosser-Ortmann: «Grundriß der Entwicklungsgeschichte des Menschen». 7. neubearbeitete Aufl., Heidelberg – New York 1970, S. 138.
10 R. Steiner: «Medidativ erarbeitete Menschenkunde» in «Erziehung und Unterricht aus Menschenerkenntnis». GA 302, Dornach 1972, S. 26.
11 R. E. Scammon: zitiert in J. M. Tanner «Wachstum und Reifung des Menschen». Stuttgart 1962.
12 R. Steiner: «Die Erneuerung der pädagogisch-didaktischen Kunst durch Geisteswissenschaft». GA 301, Dornach 1977, 1. Vortrag. «Die gesunde Entwicklung des Leiblich-Physischen als Grundlage der freien Entfaltung des Seelisch-Geistigen». GA 303, Dornach 1978, 9. Vortrag. «Der pädagogische Wert der Menschenerkenntnis und der Kulturwert der Pädagogik». GA 310, Dornach 1965, 4. Vortrag. «Die Kunst des Erziehens aus dem Erfassen der Menschenwesenheit». GA 311, Dornach 1962, S. 96f.
13 R. Steiner: «Meditativ erarbeitete Menschenkunde» a.a.O., S. 27.

Weitere Literatur

Benninghoff, Goerttler: «Lehrbuch der Anatomie des Menschen». 1. Bd., 10. Aufl. München, Berlin, Wien 1968. 2. Bd., 10. Aufl. München, Berlin, Wien 1967.
E. Blechschmidt: «Die vorgeburtlichen Entwicklungsstadien des Menschen». Basel, New York, 1960.
E. S. Crelin: «Anatomy of the Newborn: an atlas». Philadelphia 1969.
J. Langman: «Medizinische Embryologie». 5. Aufl., Stuttgart 1977.
T. v. Lanz, W. Wachsmuth: «Praktische Anatomie». Bd. I/4, Berlin 1955.
Rauber, Kopsch: «Lehrbuch und Atlas der Anatomie des Menschen». Bd. 1, 20. Aufl., neubearbeitet von G. Töndury, Stuttgart 1968.

zu: Die Linie als selbständiges Ausdrucksmittel

1 Roggenkamp, Gerbert: «Bewegung und Form in der Graphik Rudolf Steiners». Verlag Freies Geistesleben, Stuttgart 1979. S. 14.
2 W. Kandinsky, in: «Der blaue Reiter». München 1979, S. 161.
3 R. Steiner: «Wege zu einem neuen Baustil». GA 286, Stuttgart 1957. Vortrag vom 28. Juni 1914, S. 43f.

zu: Rudolf Steiners Lehrplanangaben für das Formenzeichnen...

1 R. Steiner: «Erziehungskunst – Methodisch-Didaktisches». GA 294, 4. Vortrag S. 56. Dornach 1966.
2 Aus den Erläuterungen zu Euklids «Elementen». Proklus war neuplatonischer Philosoph; er lebte von 412–485 n. Chr.
3 R. Steiner: «Erziehungskunst – Seminarbesprechungen und Lehrplanvorträge». GA 295, zweiter Lehrplanvortrag, S. 170. Dornach 1969.
4 R. Steiner: «Die Erneuerung der Pädagogisch-Didaktischen Kunst durch Geisteswissenschaft». GA 301, 5. Vortrag, S. 79/80. Dornach 1958.
5 R. Steiner: «Pädagogischer Jugendkurs». GA 217, 10. Vortrag, S. 146. Dornach 1963.
6 R. Steiner: «Die Erneuerung der Pädagogisch-Didaktischen Kunst durch Geisteswissenschaft». GA 301, 6. Vortrag, S. 103. Dornach 1958.
7 R. Steiner hat den Lehrern zur Einführung eines Buchstabens noch einen anderen Weg gewiesen, den Weg über das Bild. Er führt aus einem mehr malerisch-zeichnerischen Element das Erleben des Kindes in die Abstraktion, zum Zeichen. Er knüpfte dabei an die Hieroglyphenschrift der Ägypter an, forderte aber dazu auf, solche Bildzeichen in neuer Weise selbst zu finden. Ein Beispiel dieser Art dafür ist das F, das aus der Gestalt des Fisches abgeleitet wurde.

   Siehe dazu auch: E. Dühnfort und E. Michael Kranich: «Der Anfangsunterricht im Schreiben und Lesen in seiner Bedeutung für das Lernen und die Entwicklung des Kindes». Stuttgart, 3. Aufl. 1984 (Menschenkunde und Erziehung Bd. 27).
8 R. Steiner: «Erziehungskunst – Seminarbesprechungen und Lehrplanvorträge». GA 295, 2. Vortrag, S. 170.
9 R. Steiner: «Der pädagogische Wert der Menschenerkenntnis und der Kulturwert der Pädagogik». GA 310, 3. Vortrag, S. 60. Dornach 1929 (Arnheim).
10 R. Steiner: «Gegenwärtiges Geistesleben und Erziehung». GA 309, 10. Vortrag, S. 161. Dornach 1957.
11 R. Steiner: «Die Kunst des Erziehens aus dem Erfassen der Menschenwesenheit». GA 311. Bern 1949. 4. Vortrag, S. 73f.
12 R. Steiner: «Die gesunde Entwicklung des Leiblich-Physischen als Grundlage der freien Entfaltung des Seelisch-Geistigen». GA 303, 14. Vortrag, S. 255. Dornach 1949.
13 R. Steiner: «Gegenwärtiges Geistesleben und Erziehung». GA 309, 10. Vortrag, S. 161. Dornach 1957.
14 R. Steiner: «Pädagogischer Jugendkurs». GA 217, 10. Vortrag, S. 146. Dornach 1963.

zu: Das Formenzeichnen unter dem Aspekt der Temperamente

1 Nach den Darstellungen des Kapitels «Rudolf Steiners Lehrplanangaben für das Formenzeichnen...» gehört die Spiralform zu den Aufgaben des 1. Schuljahres. Es gibt aber verschiedene Möglichkeiten, eine solche Form unter besonderen pädagogischen Gesichtspunkten in den folgenden Schuljahren wieder aufzugreifen.

2 «Das Geheimnis der menschlichen Temperamente». Sonderdruck «Die Menschenschule», Zbinden Verlag Basel, Juni/Juli 1966.
   9. Jan. 1908 München.
   15. Dez. 1908 Nürnberg, auch GA 68.
   19. Jan. 1909 Karlsruhe, auch GA 68.
   4. März 1909 Berlin, auch GA 57.

3 Die Grundlage für das Verständnis der Wesensglieder des Menschen: Ich, astralischer, ätherischer und physischer Leib, gibt R. Steiner in der Theosophie (1904), II. Kap. Die konkrete Aufgabe, diesen Ansatz der Menschenerkenntnis für das pädagogische Handeln fruchtbar zu machen, erfolgt in Vorträgen von 1906/07. Sie sind unter dem Titel «Die Erziehung des Kindes vom Gesichtspunkt der Geisteswissenschaft» erschienen. Dort wird der Gedanke der menschlichen Wesensgliederung, wie er in der Theosophie entwickelt wurde, aufgegriffen und für die Erziehung fruchtbar gemacht.

4 R. Steiner, 4. März 1909 Berlin, GA 57.
Rudolf Treichler: «Grundlagen einer geisteswissenschaftlich orientierten Psychiatrie». In Husemann/Wolf: «Das Bild des Menschen als Grundlage der Heilkunst». Band III, Stuttgart 1985.

5 R. Steiner. Dornach 3. 1. 22, GA 303. Oxford 22. 8. 22, GA 305. Stuttgart 8. 4. 24, GA 308. Torquay 15. 8. 24, GA 311 u. a.

6 R. Steiner: «Erziehungskunst – Seminarbesprechungen». GA 295.

7 Siehe GA 295, 4. Seminarbesprechung.

8 In den unteren Klassen wird dazu ein dunkler Farbstift (blau, violett, rot) benützt.

9 Siehe auch Anmerkung 4.

10 R. Steiner, Oxford, 22. 8. 22, GA 305.

11 R. Steiner: «Erziehungskunst – Seminarbesprechungen». GA 295.

12 R. Steiner: «Wege zu einem neuen Baustil». GA 286.
Paul Klee: «Vom bildnerischen Denken». Basel/Stuttgart 1971.

13 R. Steiner, 16. 9. 20, GA 302a.

zu: Dynamisches Zeichnen in der Heilpädagogik

1 GA 317
2 Alle auf den Seiten 107–111 eingefügten Kinderzeichnungen stammen aus Hermann Kirchners Buch «Die Bewegungshieroglyphe als Spiegel von Krankheitsbildern», Verlag Freies Geistesleben, Stuttgart 1978.
3 Verlag Freies Geistesleben, Stuttgart 1962, 2. Aufl.

zu: Dynamisches Zeichnen in Normalklassen

1 Die im Folgenden dargestellte «Freihandgeometrie» wurde in Klassen entwickelt, die in den ersten Schuljahren keinen Unterricht in Formenzeichnen hatten. Durch sie wurde etwas von dem nachgeholt, was an einer voll ausgebauten Waldorfschule (Rudolf Steiner-Schule) von den Kindern in früheren Jahren in reichem Maße geübt wurde.

zu: Geometrische und menschenkundliche Grundlagen für das Formenzeichnen

1 Übersetzt von Max Caspar, Ausgabe Augsburg 1923, S. 45.
2 durchgeführt an Bielefelder Grundschulen von dem Verfasser.
3 Vgl. L. Locher-Ernst, «Raum und Gegenraum», S. 89ff.
4 Eine Gerade entsteht bei allen Kegelschnitten und charakterisiert sie sogar.
5 Für Leser, die die Zeichnungen mit Zirkel und Lineal durchführen wollen, sei an die Konstruktion der Kreistangente erinnert: Von Q aus sollen die Tangenten an den Kreis gelegt werden: Zeichne den Kreis mit dem Durchmesser MQ. Wo dieser den ursprünglichen Kreis schneidet, liegen die Berührungspunkte der Tangenten. Nach dem Thales-Satz sind die Dreiecke MB_1Q und MB_2Q rechtwinklig. Radius und Tangente stehen beim Kreis senkrecht aufeinander (siehe Abb.).

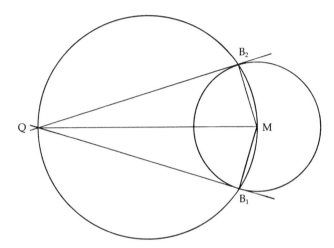

6 Liegt ein Punkt nach den heutigen Vorstellungen um 1 Atomdurchmesser ($2,5 \cdot 10^{-10}$ m) vom Mittelpunkt entfernt, so ist bei einem Kreis mit dem Radius 10 cm der entsprechende äußere Punkt 40000 km vom Mittelpunkt entfernt; bei 2 Atomdurchmessern 20000 km.

«Menschenkunde und Erziehung»
Schriften der Pädagogischen
Forschungsstelle beim Bund der
Freien Waldorfschulen

29
MARGRIT JÜNEMANN und FRITZ WEITMANN
**Der künstlerische Unterricht in der
Waldorfschule – Malen und Zeichnen**
2. durchgesehene und um ein Kapitel erweiterte Auflage. 246 Seiten mit 32 farbigen Abbildungen, Leinen

30
STEFAN LEBER
Die Sozialgestalt der Waldorfschule
Ein Beitrag zu den sozialwissenschaftlichen
Anschauungen Rudolf Steiners.
2. Auflage, 238 Seiten, kartoniert

31
FRITS H. JULIUS
Entwurf einer Optik
Zur Phänomenologie des Lichts.
264 Seiten mit 40 schwarz-weißen und 2 farbigen
Abbildungen, gebunden

32
ERNST UEHLI
Bildgestalten und Gestaltenbilder
Zur Begründung des Kunstunterrichts in den Freien
Waldorfschulen.
99 Seiten, kartoniert

33
ERNST MICHAEL KRANICH
Die Formensprache der Pflanze
Grundlinien einer kosmologischen Botanik.
2. bearbeitete und erweiterte Auflage, 203 Seiten,
64 Zeichnungen, kartoniert

34
MICHAELA STRAUSS
**Von der Zeichensprache
des kleinen Kindes**
Spuren der Menschwerdung. Mit menschenkundlichen Anmerkungen von Wolfgang Schad.
3. Auflage, 92 Seiten mit 25 farbigen und 60 einfarbigen
Abbildungen, gebunden

35
PETER PRÖMM
Bewegungsbild und menschliche Gestalt
Vom Wesen der Leibesübungen.
158 Seiten, kartoniert

36
MARTIN TITTMANN
**Lautwesenskunde – Erziehung und
Sprache**
158 Seiten, kartoniert

37
WALTER JOHANNES STEIN
**Erziehungsaufgaben und
Menschheitsgeschichte**
94 Seiten, kartoniert

38
ERIKA DÜHNFORT
Der Sprachbau als Kunstwerk
Grammatik im Rahmen der Waldorfpädagogik.
336 Seiten, kartoniert

39
STEFAN LEBER
Geschlechtlichkeit und Erziehungsauftrag
Ziele und Grenzen der Geschlechtserziehung.
140 Seiten, kartoniert

40
REX RAAB und ARNE KLINGBORG
Die Waldorfschule baut
Die Architektur der Waldorfschulen 1920–1980.
288 Seiten mit 440 schwarz-weißen und 24 farbigen
Abbildungen, gebunden mit farbigem Einband und
Schuber

41
MARTIN TITTMANN
«Zarter Keim die Scholle bricht . . .»
Zeugnissprüche für die Klassen 1–8.
137 Seiten, kartoniert

42
FRITZ GRAF VON BOTHMER
Gymnastische Erziehung
Hrsg. von Gisbert Husemann.
2. bearbeitete und erweiterte Auflage, 174 Seiten mit
zahlreichen Abbildungen, gebunden

43
CHRISTOPH LINDENBERG
Geschichte lehren
Thematische Anregungen zum Lehrplan.
210 Seiten, kartoniert

44
JULIUS HEBING
Welt, Farbe und Mensch
Studien und Übungen zur Farbenlehre und Einführung in das Malen. Hrsg. v. Hildegard Berthold-Andrae. Mit einem Beitrag v. Fritz Weitmann über das
Bild- und Glanzwesen der Farben in Rudolf Steiners
Vorträgen «Das Wesen der Farben».
237 Seiten, zahlreiche schwarz-weiße Abbildungen sowie 60, größtenteils farbige und zum Teil unveröffentlichte Tafeln in einer Mappe, Leinen mit Schutzumschlag und Schuber.

45
ARNOLD BERNHARD
Projektive Geometrie
Aus der Raumanschauung zeichnend entwickelt.
221 Seiten mit über 200 Abb., gebunden

VERLAG FREIES GEISTESLEBEN